无惧与坚持

销售巨人梅第传

吴锦珠 著
王鼎琪 编

Nothing is impossible
Everything is possible

电子工业出版社
Publishing House of Electronics Industry
北京·BEIJING

内 容 简 介

本书是保险传奇人物梅第的访谈录，从梅第的成长经历、入行保险业的原因、与客户交流的方法、取得成功的秘诀等角度，全面介绍了他传奇的一生。通过阅读本书，相关销售从业者不仅能学到实用的专业知识，还能在认知上增强职业的荣誉感和意义感。

未经许可，不得以任何方式复制或抄袭本书之部分或全部内容。
版权所有，侵权必究。

图书在版编目（CIP）数据

无惧与坚持：销售巨人梅第传 / 吴锦珠著；王鼎琪编. —— 北京：电子工业出版社，2021.8 (2025.8重印)
ISBN 978-7-121-41324-7

Ⅰ. ①无… Ⅱ. ①吴… ②王… Ⅲ. ①梅第—传记 Ⅳ. ①K837.125.34

中国版本图书馆CIP数据核字(2021)第116228号

责任编辑：张　毅
印　　刷：鸿博昊天科技有限公司
装　　订：鸿博昊天科技有限公司
出版发行：电子工业出版社
　　　　　北京市海淀区万寿路173信箱　邮编 100036
开　　本：880×1230　1/32　印张：8.5　字数：198千字
版　　次：2021年8月第1版
印　　次：2025年8月第12次印刷
定　　价：68.00元

凡所购买电子工业出版社图书有缺损问题，请向购买书店调换。若书店售缺，请与本社发行部联系，联系及邮购电话：（010）88254888，88258888。
质量投诉请发邮件至zlts@phei.com.cn，盗版侵权举报请发邮件至dbqq@phei.com.cn。
本书咨询联系方式：（010）68161512，meidipub@phei.com.cn。

致 谢

借此机会，我想感谢所有为这本书付出过时间和努力的人。我还要感谢所有喜欢这本书的人。

特别感谢 Sunny（吴锦珠）与 Cindie（王鼎琪），是她们让这本书得以诞生。

最后也是最重要的，我真诚地感谢上帝、我的父母、我爱的孩子和妻子席格兰。

梅第·法克沙戴

Acknowledgements

I would like to take this opportunity to thank all those who have contributed their time and effort to assist on this book. My thanks also to everyone who likes this book.

A special thank you to Sunny and Cindie who start this book.

Last but not least, my most sincere gratitude to the God, my parents, love to children and My wife Sigrun.

Mehdi Fakharzadeh

初版推荐序

一场演讲产生的巨大效益

2006年，在一场演讲会上，我认识了一位"文武双全"的奇女子——著有100多本畅销书的作家吴锦珠，我称她为贵人。她出版了我的第一本书《给我记住》，第一个月的销售量即突破1万本。

接着知名书商找上我，第二本畅销书《拜托，英文单词根本不用背》也诞生了。在锦珠的推荐下，我荣幸地采访到220个世界媒体都争相采访的泰国版唐纳德·特朗普——西里瓦先生，出版了第三本书《如何用十元三明治战胜麦当劳》。

2007年4月，亚太保险大会在台北举办，来自20多个国家和地区的逾万人聚集在台北小巨蛋体育馆听讲，我是舞台上的主持人。这次的经历为我打开了国际舞台的大门，此后，我开始在印度尼西亚、美国、泰国、墨西哥等地与国际名嘴结识。2007年10月，在山东的"五千人大会"上，我遇见了我心目中永恒的智星和风云人物——梅第，开始了这本书所有的故事。

2008年，为感念贵人锦珠，我开始策划这本书。我记得她曾希望写下梅第的精神与故事，并将其传递给社会大众，以便能帮助更多人。同年，我与锦珠不远万里，往返三次，就梅第成功的事业、精神进行采访。这次采访也成了我人生的另一个里程碑。我要学习梅第的谦卑、礼貌、柔软的身段、服务的热诚，以及夫妻关系的经营。

这本书诞生的背后，是三年的酝酿，是老天的帮忙，也是恩典、信赖、感恩的结果。在这段美好的回忆中，特别感谢曾在异乡默默帮助我的朋友们：Dr.Yeh夫妇、Melody Lu、Meiling Chee、Tim-Wei、K.C.Tang，以及当时国际性的保险主办单位，Jason蔡与中国大陆的谢老师。

最重要的是，感谢梅第夫妇对我的疼爱，以及锦珠的作家信念与妙笔，她精彩、细致地勾勒出很多令人感动的画面。

人生中难寻贵人，却易做自己的贵人。若能追寻"善知识"，行之而播之，你我皆是幸福快乐之人。

王鼎琪

初版作者序

梅第，永远的世界第一

在美国，当你谈论一个人时，不会问他是什么阶层，而会问他有什么能力。只要你有梦想，又肯"抬脚走"，那么你的脚，肯定比山高。

2000年2月14日，在由实践家文化的林伟贤老师主办的"梅第博士特训会"上，我与备受尊崇的梅第爷爷同桌享用午餐。他的眼神专注于面前的一小盘蛋炒饭，右手拿筷子，左手拿汤匙，不发一语，吃得津津有味。事后他分享经验说，成功者在同一时段，只专心做好一件事。

在那短短的两天时间里，我发现梅第爷爷有着超乎常人的好体力、好记忆力、好活力、好思维力等成功的特质。于是我定下目标，未来一定要亲自赴美采访梅第爷爷，为他撰写一本超级精彩的畅销好书。

2008年4月，在好友，"亚洲记忆天后"王鼎琪老师的促成下，我俩飞往纽约，开始为期两周的采访行程。在我采访过的1000多位成功者中，梅第爷爷是年龄最高、在一项事业上最专注、成功时间最长（长达 54 年）的人。因此，他的故事是无比精彩的，自然也是最丰富动人的。

采访时间从每天早上 8 点开始，到晚上 7 点多结束，整个过程非常顺利、愉快。梅第爷爷非常健谈，说话抑扬顿挫、铿锵有力，声音洪亮、中气十足，而且表情丰富，肢体动作更是灵活。他还会不时逗趣搞笑说："两个年轻漂亮的才女，远从台湾飞来为我写书，我感到无比荣幸！你们让我非常高兴，我当然要逗你们开心。"

当采访进行到下午 2 点多时，他会利用我们提问题时短暂的 50 秒至 1 分钟的时间，低头闭目养神一下（真是会利用零碎时间的高手）。他打瞌睡的模样特别可爱。正当我要按下相机快门拍照时，他立即睁眼抬头，哈哈大笑，还扮鬼脸说："哈哈，我精神好得很呢！"

下午 3 点半，他又以右手托腮，低头闭目。我立刻抓起相机，单腿跪在地上，想在瞬间拍下这珍贵的镜头。说时迟那时快，梅第爷爷又睁眼抬头，笑着说："拍不到，拍不到。"那个下午接连七次，我都因差两秒钟，未能捕捉到他闭目养神的瞌睡照。于是我紧握相机，干脆坐在地上不起来。第十次，我终于抢拍成功。我开心地笑倒在地毯上打滚，梅第爷爷也立即从座椅上起身，哈哈大笑，对着我拍拍手说："坚持，坚持。"

当时我们三人的欢笑声洋溢满屋。更好玩的是,梅第爷爷一直大声笑,笑到我们眼泪都快流下来时,他再次强调:坚持,坚持到底一定会成功。他以我拍照为例,进一步阐释梅第成功秘诀之一:坚持——凡事都能做得到。90% 的"可以"前面,都是从"不"开始的。不是做你喜欢的事,而是喜欢你做的事。

魔鬼就在细节处。在整个采访过程中,我们观察到梅第爷爷诸多良好的习惯。他亲切有礼,体贴入微。同行时,他一定会亲自为你开门、按电梯;他送客要送到一楼门外,而非办公室的电梯口,并且会向你鞠躬道再见;在十足礼貌的言谈中,他总是连声道谢;他把宽敞明亮的办公室布置得整齐大方、干净利落。

后来，我们有幸去参观梅第爷爷宽阔漂亮的农场，品尝梅第奶奶席格兰女士亲手烘焙的饼干，并开心地在他们家住宿一晚。采访结束后隔日，我与鼎琪准备搭乘清晨 6 点多的班机回台，梅第爷爷凌晨 3 点多摸黑起身，亲自为我们做早餐。

87 岁的梅第爷爷，坚持亲自开车送我们去机场，并为我们搬行李。之后，他快步跑进候机楼，四处搜寻后，推出一台行李车，再帮我们推行李。在行进间，生活勤俭的他教我们，不要急着付 3 美元租借行李车，只要眼观六路，一定能找到其他旅客刚使用过且还留在现场的行李车。

采访梅第爷爷不仅收获满满，难得的是他幽默风趣，妙语连珠，绝无冷场；随着故事高潮迭起，欢乐气氛时刻满盈，这是世界第一愉悦的采访过程。

吴锦珠

目录
CONTENTS

第一篇　知识

请简述您幼时的家庭、成长背景 · 002

请问您受谁的影响最大 · 004

小学毕业后您曾休学一年，如何说服父亲让您继续升学 · 005

请问您当时对美国的印象是怎样的 · 008

您当时从纽约辗转到犹他州，有哪些趣事 · 010

初到美国时，您如何克服语言上的障碍 · 013

只要努力，就能成功 · 016

请问求学期间，您是怎样比同学更努力用功的 · 018

您此生中成交过最大的一笔生意是什么 · 021

未入保险业前，您从事过哪些工作 · 025

在洗衣店工作，您得到什么启发 · 027

为何说您在1955年选择保险业，是无可奈何的 · 030

克洛斯借您五本保险书籍，改变了您的一生吗 · 032

您看完这五本书后，对保险的看法有很大的改观吗 · 034

您进入大都会人寿保险公司当收账员的第一反应是怎样的 · 038

请问您如何挑战"地狱厨房"的艰难作业 · 040

第二篇　无惧

请您为保险下个定义 · 044

保险有哪些功能和意义呢 · 046

请分享您"把每个困难都看作一种机会"的人生哲学 · 052

您如何永远保持积极正面的思考 · 054

您成功的关键是什么 · 058

请分享您"要辞职，也要先赢得胜利"的成功哲学 · 061

请分享您成交第一张保单的过程 · 064

您未升任保险顾问前，如何设定目标激励自己 · 068

在 1960 年，您如何突破神奇的 100 万美元业绩目标 · 071

请分享您成交 100 万美元保单的技巧 · 074

请分享您"用 50 美元，赚取 500 万美元"的成功案例 · 078

听说您的粉丝会将自己和儿子命名为"梅第"，是这样吗 · 082

如何满足客户的需求 · 086

如何针对不同年龄群的客户来规划合适的保单 · 089

如何打开销售大门 · 092

第三篇　**坚持**

请分享梅第成功的五大秘诀　·　096
请问您经营保险的成功法则是什么　·　102
何谓"新瓶装旧酒"的梅第计划　·　107
新人如何开拓客源成交保单　·　113
如何用故事来提升销售效益　·　115
在推销尾声要如何顺利成交　·　118
您如何有效安排一天的作息　·　122
如何确定明确目标与时间规划　·　125
如何从有限的时间中，增加与客户面谈的机会　·　128
请问您如何有效地做好时间管理　·　131
如何善用"黄金销售时间"　·　134
如何善用零碎时间创造业绩　·　136
如何让工作清单立大功　·　139
您快乐工作的三大原则是什么　·　144

第四篇　超越

如何销售"黄金未来"· 148

您如何看待百年金融大海啸 · 150

请问您在服务上有什么独特做法 · 153

您已经荣获 MDRT 终身会员 42 年了，有何感想 · 157

MDRT 的精神，对您有何启发 · 160

在与众多客户面谈中，有无让您尴尬的事 · 164

请您分享销售的成功秘诀 · 166

如何提出"稳赢"的好问题 · 170

如何激起客户的购买欲望 · 174

"我的亲戚朋友都在做保险，没必要在你这儿买" · 180

如何处理客户的讨价还价 · 182

如何处理"我要跟太太（先生）商量后再决定"的情况 · 186

客户说要考虑考虑，您会怎么办 · 189

如何进行有创意的营销 · 193

如何利用资产规划成交高额保单 · 196

第五篇　精彩

您在全世界多少个国家和地区做过巡回演讲 · 200
您成功人生的驱动力是什么 · 202
请您解释"知识就是力量" · 205
您心目中的英雄是谁 · 207
您常自勉的座右铭是什么 · 208
给保险从业人员的建议、期许与勉励 · 211
请分享您的长寿之道 · 213
在梅第的"字典"里永远没有"退休"两个字吗 · 223

附录A　无惧与坚持——梅第在中国演讲精华摘要 · 225
附录B　国际保险大师梅第——88岁超级业务员的奋斗人生 · 237
附录C　当冰岛美女嫁给伊朗帅哥——梅第太太席格兰专访 · 245

第一篇 知识

 ## 请简述您幼时的家庭、成长背景

我叫梅第·法克沙戴（Mehdi Fakharzadeh），是伊朗人。父亲是白手起家的零售商与房地产开发商人阿里·法克沙戴（Hai Ali Asghar Fakharzadeh），在他所生的 25 个小孩中，我是长子。你一定很惊讶于 25 个小孩，是的，我家有 25 个兄弟姐妹。母亲在我 6 岁时，因病被误诊，不幸去世。

我对于童年的记忆，是辛勤工作、汲取知识及培养坚强的毅力。我很崇拜父亲，在德黑兰上小学时，就以父亲为偶像，他的勤劳与毅力让我一生受惠。父亲严格地遵循着伊朗的习俗，过着传统生活。他的经济条件不错，但每天仍是太阳升起就去勤奋努力地工作。

世人提及位于亚洲西南部，属于中东国家的伊朗，就会联想到丰富的石油。当前（2008 年）伊朗石油生产力和石油出口量，分别位居世界的第四和第二位。伊朗的地形大多是高原与山脉，只有在海边的一小部分是伊朗平原。伊朗民族十分重视辛勤工作与汲取知识，我深受影响。

伊朗文化的重要特性是，寻求社会的正义和公平。敬老尊贤和对外宾的殷勤款待，是伊朗的传统礼仪。

在我幼年时，伊朗工匠、织布工人认真工作的态度启发我要

幼年时的梅第（左二）与父亲、兄弟姐妹们的合影

热爱自己的工作，并引以为豪。他们工作时，总是睁大眼睛，盘腿而坐，花费几天甚至几星期的时间，细腻又耐心地镶嵌举世闻名的银器、铜器及漆器。坐在织布机前的工人，聚精会神地编织着纹路错综复杂又流畅的图案，制造出举世闻名，好似天鹅绒般轻薄柔软的波斯地毯。

工作是人类生活中不可缺少的条件，劳动是人类财富的真正泉源。

——托尔斯泰（俄国作家）

 请问您受谁的影响最大

在伊朗家庭中,父亲的地位是至高无上的。在人物典范方面,对我影响最大的是我的父亲——阿里。

身为零售商与房地产开发商人的父亲,为我树立了一个辛勤工作、勤勉与诚实的好榜样。他一直非常勤快地工作,从没有停止过。他强调伊朗的传统及教义、辛勤工作、汲取知识与培养毅力,告诉我们帮助他人的重要性。

父亲出生才6个月时,我的祖父就去世了。白手起家的父亲自小独立坚强,酷爱帮助别人。他曾免费提供房屋给38位贫民居住,也常捐款给需要救济的贫户。

我成功的五大秘诀:诚实至上、将心比心、知识就是力量、工作就是娱乐、决不气馁。这些都是受我父亲的影响,再次强调,父亲是我的偶像。

一个有真正才能的人,会在工作过程中感到最高度的快乐。
——歌德(德国作家)

 ## 小学毕业后您曾休学一年，如何说服父亲让您继续升学

小学毕业后，我的父亲阿里——一个白手起家的商人对我说："梅第，实践经验就是最好的教育。学校教育可以给你的东西，你都已经学习到了，现在你应该回到家里，在店面帮忙做事。"

非常听话的我，接下来一年没有到学校读书，这也是我童年中最不快乐的一年。很喜欢读书受教育的我，一边帮忙家中生意，一边天天不断诚挚地恳求父亲，让我再重回学校接受教育。

"敬爱的父亲大人，现在的我需要的是知识，否则，我会落在他人之后。接受教育程度的高低，意味着将来成功机会的有无，我非常需要机会来实现我的抱负。"我时常恳求父亲。

我也发挥"借力使力"的好方法，请求我受过高等教育的姐夫欧梅德丹雅尼，一起帮我向父亲求情。"如果没有受过良好的教育，我不会有今天的地位。让梅第到学校读书吧。"这是姐夫让严厉的父亲态度软化并愿意让我继续升学的关键的话。

父亲答应让我回到学校去读书，但必须半工半读。喜出望外的我，特别珍惜重返学校接受教育的机会。我一边在父亲的

店里工作,一边天天早起晚睡,利用清晨和夜里的时间来用功读书。每逢大考前,我都在清晨 5 点前起床,找个可以远离商店嘈杂的安静地方专心读书。就这样半工半读,我完成了高中阶段的学习,并于 1946 年毕业于德黑兰大学法律系。

从法律学院毕业后,我并不因此自满,内心定下了要到美国拿经济学博士学位的远大目标。当时许多伊朗的达官显要,都会把子女送到美国犹他州普罗沃的杨百翰大学就读,因为当年杨百翰大学的校长富兰克林·S.哈里斯(Franklin S. Harris),曾在伊朗担任多年的农业顾问。

然而对我的这个赴美留学的目标,父亲总是百般阻挠。我跟父亲提了两年,他还是摇头说"不"。后来父亲见我意志坚定,也就没再反对。精诚所至,金石为开,说服父亲同意让我出国,是我此生中成交过的第二笔大生意。

在伊朗成长的过程中,我对知识的汲取有极大的渴望。幼年时期,我常听老人家说:"成功之钥不在年龄大小,而在脑袋里装有多少东西。"我对知识追求的狂热,在生命中发挥了无限的优势,印证了知识就是力量。

知识好像砂石下面的泉水,掘得越深越清澈。

——丹麦谚语

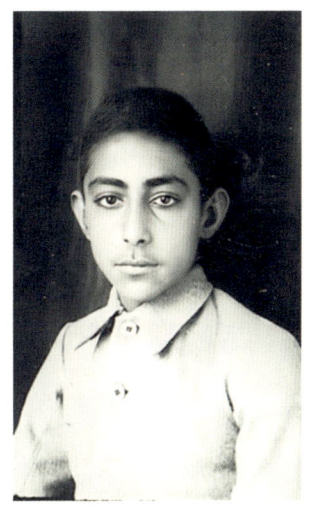
初中时期的梅第

高中时期的梅第

年轻英俊的梅第

拥有双硕士学位的梅第

 **请问您当时对美国的印象是怎样的**

当时我对美国的印象是完全陌生的,我不知道美国"长什么样"。不过我会常常打听关于美国的一些人和事物,对美国充满了好奇与憧憬。

在我要出发前往美国的前一年,有位伊朗贵族告诉我种种关于美国人不拘礼节的情形。

"我听说美国人在和客人谈话时,会把脚跷在办公桌上。不管怎么说,他们对传统礼节的标准,一定和我们有些差异。保持你原有的伊朗传统礼节,以你的努力在美国一定会成功的……"

这位伊朗贵族强调伊朗文化不论是在艺术、音乐、建筑,还是在诗歌、哲学、传统和思想体系上,都具有悠久的历史。

也有人告诉我不同的内容:"美国是世界强国,人民生活水平为世人所羡慕,她的力量来自融合不同族群的传统与习俗。美国有很多新鲜事,民主、开放、自由、富裕……"

"美国一定有很多值得学习的东西,同时要保有伊朗的传统美德,这是可以并行不悖的……"不论别人如何形容美国,对于美国的一切,我都抱有极大兴趣。

对远赴异乡的我而言，犹他州西部与我的出生地伊朗，在风土人情及地理风貌上，的确有许多相似之处。比如说，犹他州的盐沼往往令人想起伊朗的沙漠，而坐落在半圆形山脉山脚下的盐湖城又像极了德黑兰。这里冷冽、飘雪的冬季，碧绿的春天，干旱的夏日，以及美丽宜人的秋景，全都让我想起远在伊朗的家乡。

两地人民的生活习惯也相去不远。我的教会朋友也坚守诚实的原则，他们不喝酒，不抽烟，也不赌博。来到美国，要适应新文化，当时我感觉一切都好神奇、真美妙！

"重复乃学习之母。"任何重要的书籍，都应立即读上两遍。
——叔本华（德国哲学家）

 ## 您当时从纽约辗转到犹他州，有哪些趣事

说真的，我不知道美国竟然这么大！哈，我当初还以为从纽约到犹他州，只要花几个小时的时间就能到。天知道，我一共花了三天时间，只吃两顿饭，转来转去转得头昏眼花，好不容易才到达。

刚到美国时，我要从纽约到犹他州，可我真的搞不清东西南北，所以我只好向当地人询问如何到犹他州。加上我那时英语不好，口音又重，我讲的英语美国人听不懂，经过一番比手画脚，好像鸡同鸭讲，好不容易才得到答案。

一个百老汇演员建议我到灰狗巴士①站试试看。我背着大包小包搭上巴士，一路向西行驶。我原本预期这只是一个短暂的旅程。3小时后，我看看自己的手表，向邻座一名旅客询问："您好，请问犹他州是不是快到了？"

"早着呢，还很远。"回答我这句话的旅客忍不住笑了出来。

---

① 灰狗巴士：美国跨城市的长途商营巴士。乘客乘坐灰狗巴士时，只需提供最终目的地，以及出发地的上车日期和班次，在旅途中，乘客可下车观光。只要安排好时间，乘客可以搭乘任意班次的灰狗巴士，在半个月之内到达终点站即可。——编者注（本书中注释如无特别说明，均为编者注）

他大概是在笑我这个乡巴佬，不知是打哪儿来的，连犹他州有多远都搞不清楚。一路长途车程，虽然有点困，但我都不敢合眼休息，因为生怕错过站，不知身在何方。经过 18 个小时的颠簸，我终于听说自己已离芝加哥不远。不过别高兴得太早，还需要两天的时间才能到达犹他州，因为纽约跟犹他州相距 2230 英里（约 3589 千米）。

沿途我没有心情欣赏美丽的风光，每隔几小时就会问别人，生怕搭错车。一共花了三天的时间转来转去，我一直忙着在每个转运点确认行李到底被转到哪一部巴士上。好玩的是，在这三天的旅程中，照常理应该吃九次餐，但我只点了三次餐，吃过两顿饭。这并不是为了省钱，或者因为不饿，而是因为我不会点餐，真的很尴尬！我看不懂全是英文单词的菜单啊！

直到现在回想起来，我都觉得自己好笑。当服务员拿菜单来，我从上到下，由左到右，看了半天实在看不懂。特别尴尬又很不好意思的我，只好用食指随便往菜单上一指，只见服务员一脸疑惑地看着我，然后念念有词地走开了。

正当我好整以暇地准备好好享受端上桌的佳肴时，才知道，天啊！我竟然点的是猪肉餐，而伊斯兰教徒是不吃猪肉的。结果呢？饥肠辘辘的我，只好双手一摊，笑一笑，拉起行李继续赶路去，那热腾腾的餐我一口也没吃，就那样放在桌上。

三天行程点了三次餐，只吃了两顿饭，原因是第一餐点错了。

你可能会说,那另外两餐我总该知道要点什么了吧?是的,我点了鸡蛋。倒不是我突然看懂了有着密密麻麻英文字母的菜单,而是这家餐厅的菜单上附有图片,我很高兴看到鸡蛋的图片在上面。哈哈,那两餐蛋食可真是我吃过的最好吃的鸡蛋呢!可能是我当时肚子太饿了,加上很开心自己在美国会正确点餐了,这件事成了我终生难忘的趣事。

这三天的旅程令我终生难忘,但还有一件令我终生遗憾的事。我从伊朗家乡到美国来求学时,身上带着1200美元,另外还有父亲送给我的礼物——一枚镶着很大的钻石的戒指,那颗钻石有几克拉呢!我一路小心翼翼地保管着钻石戒指,因为这是非常贵重的礼物;另一层珍贵的意义是,它代表了父亲对我的爱。可惜在舟车劳顿中,我不小心把它弄丢了。

记得是在车站上洗手间后,我准备洗手,便小心地将钻石戒指从手指上取下来,放在椅子上,舍不得让它沾到水。未料抬头看到巴士要开走了,我赶紧跑着追上车。当时气喘吁吁的我,并没有立即察觉钻石戒指遗失了。等到几小时后,我才惊觉手指上的大钻戒不见了,心里又慌又急,难过得很。直到现在,我对那枚不知道流落何处的钻戒依然不舍。那是父亲送我的珍贵礼物。

 ## 初到美国时，您如何克服语言上的障碍

勤学、勤背、勤练，敢开口说英语，多交美国朋友，改变语言环境。这是我克服语言障碍，提高英语表达能力的好方法。

1948年，我初抵纽约时，距离熟悉的伊朗家乡有上万千米之远。当时我在纽约下飞机后，住进时代广场旅馆，首先就面临一大障碍：语言的隔阂。

我在伊朗所学的英语显然不够地道，初到美国讲英语时，没有人知道我在说什么。同样地，我也听不懂美国人的回答。所以我才搞不清楚，从纽约要如何到达犹他州。虽然我抵达犹他州后，有其他伊朗朋友可以代为翻译，但到了普罗沃之后，我想要到杨百翰大学注册时，又遭受到另一个打击。

"你的英语不好，最好去报名英语速成班，就是那种开在高中给成人学习的课程。"我的学生指导员说。

于是，一向坚信"天下无难事"的我，下决心要好好重新学习英语。所幸我遇到一个暑期进修的学生尼伦·艾尔芬（Nylen Allphin），他是一名怀俄明州的法官。他注意到我的多数朋友是伊朗人，同时也听说了我无法入学的事情。

艾尔芬说："梅第，你想要把英语学好，必须远离你的伊朗朋

友们。和我一起到怀俄明州去，我老婆在高中教英语，她可以当你的家庭教师。"

满怀感激的我，很快就搬进艾尔芬的家，并在怀俄明州的罗维尔（Lovell）高中念了一个学期。搬进艾尔芬家后，我受到的影响与帮助，不只是在英语表达上的快速提高，在这儿，我学到一生受益无穷的观念——销售保险可以帮助别人，又能致富。

在这儿，我听说了关于美国保险"百万圆桌会议"（The Million Dollar Round Table，简称MDRT）的会长格兰特·塔格特（Grant Taggart）的成功事迹。他是一位怀俄明州的杰出人士。

在每一条路上，都有成百上千的人在勤奋，所以知名之士为数不少。大海里已经挤满了鲸鱼。

——德莱塞（美国作家）

015

第一篇　知识

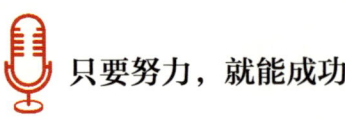 ## 只要努力，就能成功

刚才我们已经说过，为了快速提高英语表达能力，我搬进了艾尔芬的家。在此期间，对我影响与帮助最大的应该是关于来自怀俄明州的杰出人士——格兰特·塔格特的成功事迹。他是一位相当杰出的保险业务员，并且是第一位同时担任美国国家寿险商会会长与 MDRT 会长的人。

他是一位非常值得尊敬与推崇的人物，更是一个"美国式"成功的典型范例。最让我印象深刻的是，格兰特·塔格特印证了"只要努力，就能成功"的道理。

虽然当时我完全不了解这些保险荣誉所代表的含义，本身也对保险毫无兴趣，但由于大家都在赞美他，所以我一直把他的故事记在脑海中。有趣的是，这成了我日后成就保险事业的重要启蒙。

以我自己的例子来说，一个连英语都说不好的伊朗人，也能在美国定居 50 多年，成家立业，并快乐地生活着。勤奋与快乐地工作，对我而言就是既要充分地利用人生，又要学习快乐地工作。我愿意做看起来并不那么体面的工作，并把它看作可贵的资产。快乐地工作，这个准则适用于任何人。

"上帝赋予你许多的时间，你应该以工作来充分利用它。"我

时常这样勉励自己。为达此目的，在工作态度方面，我们要选择适合自己并且喜欢的工作。

在洗衣店工作之前，我尝试过许多其他工作，但是都失败了。很多人失败，就是因为在从事自己不喜欢的工作，所以要找到自己喜欢的工作，在岗位上兢兢业业，全力以赴。以保险业而言，很多业务员打心底就害怕去见客户、推销保险。他们误以为要客户买保险，就像从客户的钱包中拿钱一般，这种不正确的想法导致他们无法成功。

我从事保险业长达54年，我坚信销售保险是在帮助别人解决问题，因为保险的目的在于提供保障，使其免于意外风险所带来的巨大损失，确保个人与家庭的经济有保障。

人生是一匹马，轻快而健壮的马，人要像骑士那样，大胆而细心地驾驭它。

——黑塞（德国作家）

 **请问求学期间，您是怎样比同学更努力用功的**

1949 年，我再度向杨百翰大学提出入学申请，因为明显进步的英语使我能够顺利地入学。

1946 年，我获得伊朗德黑兰大学法学硕士学位；1950 年，我取得美国杨百翰大学经济学硕士学位。同时，我以 A 级和 B 级的优异成绩，获得华盛顿大学博士班的奖学金。为攻读博士学位，我离开普罗沃，前往西雅图继续深造。

在伊朗德黑兰大学法律学院毕业后的关键性两年，我不断说服并取得父亲的同意，让我前往美国深造。到了美国，由于英语不好，有语言上的限制，使得我的学习变得相当困难。当第一次申请杨百翰大学未成，学校坚持让我参加高中预备英语课程时，如果我的意志不够坚定，可能会选择放弃。

我下定决心到高中选修英语课程，犹记得当时老师发给我的全是密密麻麻的英语作业。天啊！我大概只看得懂 64 个单词而已。一开始真是吃力，我每读三到四个单词，就必须停下来查字典，然后重读一遍，字典随时带在身上，每天都要翻来覆去地查。因为要花很多时间在查字典上，所以初期我的学习速度不快。尽管遇到困难，但我并未停止学习，反而更加信心满满。

15岁时的梅第（右一），是学校排球队健将

五官俊逸的梅第

于大都会人寿保险公司担任收账员时期的梅第

我每天清晨 5 点半起床，一边在街上散步，一边重复地背诵单词和它的含义。当时背诵的是前一个晚上查过和写下来的单词。

一个学期后，我即为就读杨百翰大学所需的资格做好了准备，之后顺利拿到经济学的硕士学位。在我的 51 个硕士学分里，有 31 个学分是 A，20 个学分是 B；并且，我以优异成绩申请到去西雅图华盛顿大学就读的奖学金。我对知识的追求与渴望，从未停止过。

知识乃是我们借以飞向天堂的翅膀。

——莎士比亚（英国剧作家）

您此生中成交过最大的一笔生意是什么

让我美丽的冰岛妻子席格兰·佛来德瑞丝（Sigrun Fridriksdottir）点头答应嫁给我，是我这辈子成交过最大的一笔生意，也是我最引以为豪的。

在我抵达华盛顿大学新校园的第一个星期，遇到了一位引人注目的同校女生——一位来自冰岛主修食品科学的，身材高挑、气质出众的漂亮女孩，名叫席格兰·佛来德瑞丝。她的美丽与出众的气质马上吸引了我的目光，我立即向一见钟情的她展开猛烈的追求攻势。

你相信吗？在我们第二次约会时，我就告诉席格兰："我要娶你为妻，和你结婚。"

席格兰惊讶地对我说："天啊！梅第，你太疯狂了！"

"我已经决定，毕业之后马上就回冰岛。我无法想象自己如何能生活在文化不同、背景相异、风俗陌生的伊朗。"我太太当时刻意要远离我，因为她觉得我的猛烈追求吓到她了。再有，她无法想象自己要如何在伊朗生活。

席格兰为了摆脱我的热烈追求，决定转到纽约州的康奈尔大学就读。当我知道这个消息时，心里一沉，非常难过，但仍止不住对她的爱意。当然，我决不会这么容易打退堂鼓，她转学到纽约康奈尔大学，我也跟着转学到纽约大学，并且不间断地去探望她。

当席格兰知道我为了追求她竟然也跟着转学时，她说真拿我没办法。为了能跟她有更进一步的交往，我还特地去学跳舞，以便在校园舞会上邀她当我的舞伴。当时我们一共有七位来自伊朗的男学生，大家都想邀她跳舞。学生时代的我挺羞涩的，通过同学邀她七次都被婉拒。第八次，我鼓起勇气走到她面前直接邀舞，自第二支舞开始，整晚我都是席格兰的男舞伴，而跳舞是最能拉近两人距离的。我发挥锲而不舍的精神，在诚意热烈的追求下，相识两年后，席格兰终于点头同意嫁给我。那一刻，我快乐得直想飞上天，感觉自己好像拥有全世界般幸福。

结婚毕竟是人生大事，得告知双方的家人。我的伊朗家人不赞成长子娶一个冰岛女子；她的冰岛富商家人也全数反对掌上明珠嫁给一个伊朗人，因为他们听说伊朗男人可以娶三四个老婆。由于双方家人的强烈反对，最后连她自己也开始动摇，只有我一人坚持到底。

和席格兰结婚，绝对是我此生中成交过最大的一笔生意，但这笔生意甚至比说服我父亲让我从伊朗来到美国读书还要困难。1953年，在我们相识相恋的第三年，在双方家人的强烈反对下，我和席格兰携手步入礼堂，结为夫妻。直到6年以后，我们才取得双方家人的认可。

1953年，来自伊朗的梅第与来自冰岛的康奈尔大学校花席格兰结婚，携手共度幸福人生

婚后，我们住在新泽西州，育有三个儿子弗雷德（Fred）、约翰（John）、史蒂文（Steven）及一个女儿雪琳娜（Shirine）。如今他们都已各自婚嫁，拥有自己幸福美满的人生。我跟太太结婚46年来，恩爱甜蜜，快乐幸福，从来没有吵过架。直到今天，我们每天见面都会互相拥抱亲吻，感情如胶似漆。

有谁会相信，即使在我们认识的第一年内，如果你说："这是200万美元现金，只要你愿意嫁给梅第，钱就是你的了。"她也一定会马上回绝，因为她从未想过要嫁给一个文化不同、背景相异、风俗陌生的伊朗人。婚后我曾对她说，想要挑战我父亲生了25个小孩的纪录，只见她摇头笑说："不！"

当美的灵魂与美的外表和谐地融为一体，人们就会看到，这是世上最完善的美。
　　　　　　　　　　　　——柏拉图（古希腊哲学家）

未入保险业前，您从事过哪些工作

回答这个问题前，我们要将场景拉回到 20 世纪 50 年代犹他州的研究生宿舍。我的室友哈罗德·拉森正尝试着劝我找一份暑期的工作，要我去当阿拉斯加的洗衣店工人。

"什么？要我去当洗衣店的工人？你没搞错吧，我可是一名大学毕业生啊！这样有损我的身份。"当时我是如此婉拒室友的好意的。

在拉森不断地反复劝说下，最后我终于同意找一份与建筑相关的工作，就是将砂石铲进水泥搅拌机里。我从来没有做过这种苦力。整天我都必须跟上其他四名工人的速度，不断地铲砂。一天下来，我不只全身筋骨酸痛，连背部的关节也跟着嘎嘎作响，双手起了许多水疱。天啊，这真是吃力的苦工。

有天傍晚，同事们从工地搀扶着我回家，应该说是抬回家，因为我受伤了。第二天早上，我的情况不但没有好转，反而变得更糟，看过医生后，才得知我的背部扭伤了。这伤可不轻呢！我一连三个礼拜都躺在床上休养。我发现做这种苦力工作，不仅不是我的目标，而且容易伤害身体。于是我决定远离建筑业。

第二年夏天，我刻意寻找"室内"的工作，成为一家海鲜餐厅的服务生。餐厅位于浪漫的阿拉斯加——虚构的"淘金潮"之地，令我感觉这像是一段冒险的旅程。可是当我到达那里后，才发现原来阿拉斯加的餐厅和其他地方的餐厅并没有什么不同，只是名字感觉好听而已。

我本来以为自己能够胜任这份工作，未料还是没有办法做好，因为我的动作太慢了。其他人一次可端四五个盘子，而从没经验的我一次只能端一个，导致我的速度严重落后。老板对我的表现显然很不满意，但是我很想做这份工作。由于我的态度很诚恳，老板只好摇摇头，要我去拖地。

可别以为拖地是件简单的差事，笨手笨脚的我还来不及将地拖干净，又打翻了水桶，水洒满一地，餐厅像刚经历过一场小水灾一般。拖地的工作，又让我搞砸了。

其实不是我笨、做不好，而是我真的没经验，跟那些经验丰富的员工相比，自然显得太逊色了。不过我虚心向学，更不死心，我跟老板说："对不起，我还是很想做这份工作。"老板再次摇摇头，决定让我到洗衣店去试试看。

在洗衣店工作，您得到什么启发

诚实及礼貌的态度，会留给别人好印象；快乐地工作及虚心地学习，能够帮助你成功。这是我在洗衣店工作时，得到的启发。

当餐厅老板决定让我到洗衣店去试做时，坦白地说，对洗衣服的工作，我一无所知。老板给我的第一项任务是：清洗60条床单。

洗床单应该是很简单的吧。为了省时，我把白色床单和一件红色毛衣一起丢进洗衣机里。本以为自己很聪明，哪知道白色的床单会被红色毛衣染红。当时的我非常惊慌：怎么办？我肯定又会丢掉这份工作。

但无论如何，我总得设法弥补这个错误。很幸运地，我发现了一瓶漂白水，瓶子上写着"让衣物白上加白"。真是太好了，我立即使用漂白水，将被我染红的床单又变回白色了。呼！好险。

当时我真是太高兴了，以为聪明的自己已经找到了洗衣服的诀窍，误以为一瓶漂白水就是解决所有洗衣问题的答案。哈，那真是大错特错。

隔天，一名机械工人带着一条肮脏的裤子来到店里，交代我要洗干净。

"没问题，我一定会好好地洗干净，请放心，谢谢光临。"我向这名走出洗衣店的顾客保证。

之后，当这名工人来店里拿裤子时，发生了一件令人尴尬的糗事。我扬扬得意地拿出一条干净的长裤摆在工人面前，还开心地对他说："白上加白。"

我本以为会得到他的赞赏，没想到工人很生气地吼道："天啊！这条裤子本来是黑色的！到底是怎么洗的，怎么变成白色的？"我顿时觉得自己好丢脸，真想钻进地洞里。我立即很诚恳地向他鞠躬道歉，并表示愿意赔偿他的损失。我认错的有礼态度，获得了顾客的谅解，他原谅了我用漂白水误洗他的黑裤子的错，还说不必赔偿。

还有一次，客人送来一件羊毛内衣，我自作聪明地用热的肥皂水洗。隔几天，当客人来店里看到这件羊毛内衣时，吓了一大跳，大声叫道："这怎么变成了10岁小孩的尺寸？我的天啊！你该不会是用热水洗的吧？"

"是啊！我是用热的肥皂水洗的。"我诚实地回答。

在洗衣店发生的糗事不少。虽然难免出差错，但因我比别人更努力勤奋地工作，相较于那些只要老板一离开便趁机偷懒的员工，老板还是很喜欢我认真努力的工作态度的。其他员工还会笑我说:"梅第,你是不是疯了?领一样的钱,你干吗这么卖力工作?"

经过不断尝试和在错误中学习,一段时间后,我学会了洗衣服的技巧,同时也在工作中得到启发:黑长裤被我洗白的工人并未生气,也不要我赔偿,与我诚实、礼貌的态度有关。

我的老板知道我很努力、勤奋地工作,不是只为了赚钱,更是为了学习新事物,并乐在其中,他很喜欢我虚心学习的态度。当暑假结束时,我总共赚取了1200美元,薪资是其他员工的两倍以上。

只有把整个身心全部奉献给自己的事业的人,才有希望成为名副其实的大师,因此大师的高超能力,需要一个人的全部心血。

——爱因斯坦(美国物理学家)

为何说您在 1955 年选择保险业，是无可奈何的

结婚后，我太太席格兰在一家食品加工厂上班，我则继续攻读博士学位。1955 年，当我还差三个学分就可以毕业时，我太太怀孕了。我们都非常高兴，不过小生命的即将来临完全在我们的计划之外，此时我必须投入就业市场，找一份全职的工作来负担家计。

对于没有什么实际工作经验的我而言，要立即找到一份薪资高的好工作，不是件容易的事。

我努力到各处应聘，但一无所获。当时我想，只要是正当工作，什么事我都愿意做，可就是没有人肯雇用我。后来我向纽约大学求职中心提出申请时，秘书建议我依照自己的兴趣，列出三个志愿：

第一个志愿，当然是自己的专业领域——国际贸易；

第二个志愿，是银行业；

至于第三个志愿，我愣了半天，却怎么也想不出来该填什么才好。

求职中心的秘书告诉我，多填一个志愿可能会增加找到工作

的概率。

"你为什么不填上保险业呢？"秘书说。

"嗯，好吧，那就填保险业。"我回答。

所以，在找工作的志愿上填上"保险业"，对当时的我而言，的确是个无可奈何的选择。不过，我一直很感谢那位秘书，因为是她建议我填上"保险业"，才有了今天从事保险业54年，乐此不疲的梅第啊！这正如中国人所说的——无心插柳柳成荫。

立志、工作、成就，是人类活动的三大要素。
——巴斯德（法国微生物学家）

克洛斯借您五本保险书籍，改变了您的一生吗

1955年，33岁的我从伊朗来到纽约的大都会人寿保险公司，想要应聘一份工作。接见我的是地区营销经理麦克斯·克洛斯（Max Schloss），他打量着我，心想：

"这个外国人是打哪儿来的？说话怪腔怪调的。我的老天，怎么连英语都说不好，长得也不怎么样，感觉他倒像是来查电表的。他想要做保险推销员？哈哈，这真是个大笑话！"

克洛斯边忙边问道："你买了多少保险？"

"保险？我没有买保险。"我答。

"你对保险了解多少？"克洛斯问。

"很抱歉，先生。目前为止，我还没有机会去了解保险。"我答。

"你做过哪一行？有什么工作经验？"克洛斯问。

"我做过建筑工人，当过餐厅服务生，在阿拉斯加一家干洗店上过班，都是学生时代兼职打工。"我答。

只见温和的克洛斯有点不耐烦地说："请问你到底是来应聘什

么工作的?"

"请你借我一些关于保险的书,我很想做这份工作。一星期后我会回来,回答你所有的问题。我相信天下无难事。"我好声好气地说。

克洛斯心想:"这年头疯子还真多!"他打定主意不录用眼前的这个伊朗人,但还是好心地借给我五本保险书籍。

20年后,美国大都会人寿保险公司公开表扬一位伊朗人,尊崇他是公司2.1万多名业务员中最顶尖的一位,是第一名。他一年的所得超过20万美元。那个站在台上接受如雷般掌声的人,就是被克洛斯打定主意不录用的我。

感谢克洛斯当年借我五本保险书籍,这改变了我的一生。

勤奋是一种可以吸引一切美好事物的天然磁石。
——罗伯特·伯顿(英国作家)

您看完这五本书后，对保险的看法有很大的改观吗

是的，看完这五本保险书籍，我这个对保险完全陌生的人，了解到保险原来对人们是这么重要，它具有很好的经济保障功能。虽然许多专业名词我还不一定了解，但我开始对从事保险工作产生了兴趣。

几天后，我回到办公室见克洛斯时，已经了解书上所有的内容。

当时，克洛斯说："梅第，你都了解？我感到非常惊讶。"他知道我一定有些本事，于是决定录用我。那时有个销售经理阿瑟·荷伦德（Arthur Hollander），一开始也不相信我能够胜任这份推销保险的工作。

回顾我这 54 年来的保险从业经历，都要从这五本保险书籍谈起。许多媒体报道梅第，大多会用到以下的句子：

在这高流动率的保险销售行业中，一个机会不大的人竟然成功了，而且是非常的成功。

87 岁的销售巨人梅第，全世界保险界尊称他为：永远的世界第一！

一个英文不好的伊朗移民、无名小卒，如何跃升为美国销售冠军？

一个洗衣服、端盘子的小弟，如何获得双硕士学位？

一个保险门外汉，如何缔造美国大都会人寿保险公司数十年来的销售冠军？

曾与美国前总统里根一同出席"纽约业务领袖俱乐部"的梅第，数十年来坚持每天凌晨4点半起床，持续成为从事保险销售54年来的第一名，走遍全世界，到56个国家和地区去演讲。

梅第是金融业界的当红人物，1963年迄今，他已连续41次荣获美国国家"最佳服务质量与国家销售奖"，世界知名媒体《时代周刊》(Time)、名人堂 (Hall of Fame)、《财富》杂志(Fortune)、《纽约时报》(The New York Times)……对他争相报道，2008年他获选了"美国风云人物 WHO'S WHO"殊荣。

从完全没有保险知识开始入行的梅第，成绩却名列前茅。

主修演说的、伶牙俐齿的、口若悬河的人都失败了，而带着一口浓厚伊朗乡音的梅第，却能在保险界功成。

他是怎么办到的？是奇迹发生了吗？一个外来的伊朗移民梅第，如何能够在20年内成为一名美国的千万富翁呢？

……

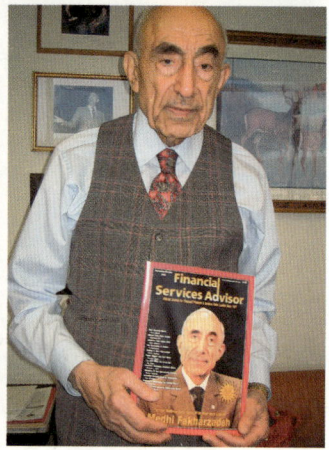

梅第获选"美国风云人物 WHO'S WHO"殊荣（右上），被《财富》杂志（左上）、《纽约时报》（左下）等知名媒体报道

梅第与中国保险业务员分享成功秘诀

人们总喜欢问我:"梅第,你的成功到底有什么秘诀?"

其实我并没有什么特别的成功秘诀,只是遵循五个简单的原则:"诚实至上、将心比心、知识就是力量、工作就是娱乐、决不气馁。"在工作与生活上,我都秉持"天下无难事,凡事都能做得到"的精神。

多年来我所遵循的原则,相信会对你有所帮助。不论你从事哪一行,不管你是哪国人,正确、积极地应用并落实这五大原则,将会改变你的整个人生,使你变得更加成功和富裕。

人生中充满无限可能的大好机会。就我而言,连我自己都不相信我会从事保险业,但从克洛斯借给我五本保险书籍开始,一切不可能转眼都变成了可能。

准备好你的纺锤和工人,上帝将会把亚麻送到你身边。
——伊朗谚语

您进入大都会人寿保险公司当收账员的第一反应是怎样的

"收账员?收账员?当个收账员,怎么出人头地?"这是我54年前,对于自己进入美国大都会人寿保险公司担任收账员的第一反应。

身为收账员,我所负责的工作是:收取每个星期分期交纳的保费,如果还有余力,可以兼卖保险。我的工作范围涵盖曼哈顿西47街的8个街区,总长有1.25英里(约2千米),其中还跨越一个名为"地狱厨房"的贫民区。

身为收账员的我,必须每星期依照客户名册,挨家挨户去收取客户们交给大都会人寿保险公司的几毛钱、几分钱的保费。

"我一点都不相信,梅第能在这一行待上3个月。他是个好人,但人生地不熟,英文不好,语言方面又有障碍。虽然没有人怀疑他的诚意,可是他根本不具备任何成功的条件。"这是当时同事们对我的评价。

我不希望让父亲知道我在美国当保险收账员,于是在信上巧妙地写道:"亲爱的父亲,我现在任职于美国大都会人寿保险公司。这是世界上规模最大的保险公司,拥有130亿美元的资产。我服务于公司最大的部门,而他们给了我纽约第47

街。"每次我只要回想起自己是如此巧妙地向父亲描述这份收账员的工作,就觉得好笑。相信父亲当时看到信上所写的,肯定会觉得自己的长子在美国发展得很好,很争气。

无论别人与我如何看待收账员的工作,既来之,则安之,我还是勤快地去收账。当年的伊朗同事奥马尔·哈亚姆(Omar Khayyam)对我的忠告是:"好好地去收账,不要想这么多,不要太过注意远方隆隆的鼓声。"

(大都会人寿保险公司现已淘汰了收账员这个岗位,但在经济萧条时期,这个岗位的业务让大都会人寿保险公司成为寿险界的巨人。)

上帝会庇佑水手们,但是水手自己也必须摇桨才行。
——伊朗谚语

请问您如何挑战"地狱厨房"的艰难作业

当我担任大都会人寿保险公司收账员不久后,很快就发现"地狱厨房"这个名字取得有多么恰当。大半的客户相当粗暴无礼,就算给钱也给得心不甘、情不愿。像我这么温文尔雅的人都经常会被激怒,负责"地狱厨房"客户们的收账工作,真是件令人不愉快的事。我很想辞去这份工作,却不能这么做。

每天我都必须面对贫民区的穷困与脏乱。那一间间破烂的廉价旧公寓,仿佛预示着我的不幸。巧合的是,我要收账的客户几乎都住在五楼,而破旧公寓里没有电梯,因此我必须经常徒步爬上五六层楼,才能找到客户的家。糟糕的是,这些客户多半不在家,就算在家也不来应门,害得我常常要再跑一趟。

一次,我辛苦地爬上楼,满怀希望地敲门。终于有一个中年男子,透过小小的门缝,满脸狐疑地向外张望。

"您好,我是大都会人寿保险公司的收账员梅第。"我对着门内说。

"干什么的?你来做什么啊?"他口气不好地问。

梅第以双硕士学位，担任美国大都会人寿保险公司收账员

"您还积欠两毛五分钱的保费。"我解释说。

"我现在没钱，下个礼拜再来。"在屋内吼叫着的他，用力砰地将门关上。

当我耐着性子依约下个礼拜再去时，敲半天门都无人回应。这位中年男子不在家，也许他在家，只是喝得烂醉，没法为我开门。谁知道这个爱喝酒的醉汉怎么了呢？

"地狱厨房"街道旁常有穿着暴露的妓女，在一旁伺机而动的"皮条客"，这让一向恪遵严谨礼教的我感觉很不舒服，更难接受。当然，还免不了有四处流窜的老鼠、蟑螂。环境非常脏乱，部分老旧建筑物所发出的恶臭气味，令人快要窒息。

走进这些发出恶臭气味的旧公寓前，我都会先深深吸一大口气，再屏住气息，直到收完钱出来为止，有时严重到需要使用防毒面具来应付。这样说一点也不夸张，环境老旧脏乱的情况，真是糟糕透顶。这些都是在"地狱厨房"当收账员的我所必须面对的各种问题。

还有更惨的是，同为大都会人寿保险公司的另一位业务员，曾在此被一名吸毒犯袭击。自此，我学会如何辨识出吸毒者的模样，尽量不要靠近他们，以免被攻击。不过我走在马路上，有时却躲不过其他危险——从天而降的垃圾和脏水，这是住在楼上喜欢往楼下乱丢垃圾的人所做的"好事"。

"地狱厨房"的居民，确实给了我另一番不同的成长经历。例如，走在街巷中，我时常可以听到夫妻吵架大声咆哮的叫骂声，母亲气急败坏地打骂小孩的哭泣声，还有喝得烂醉的男人请我帮忙协调夫妻吵（打）架的事……

多数的客户即使在拜访时愿意付钱交保费，但也是付得心不甘、情不愿的。我平均要来回奔波二四次，才能收回那5毛钱的保费。听我讲了你就知道，在这样恶劣的工作环境中，每天会发生多少令人不愉快的事。

精通且知道自己精通的人，将可骑马跳越穹苍。

——伊朗谚语

第二篇 无惧

请您为保险下个定义

在我看来，保险是世界上最有价值的投资，我相信它，所以我成功了。

"保险"的英文是 insurance，就是 ensure（确保）你发生意外时，会拿到一笔钱。你把一笔钱交给我，我会给你百倍、千倍的投资回报率！

保险帮助人们解决财务的问题，具有强制储蓄的功能：年轻时所支付的保费，在退休后能领回以备养老；万一家中负责生计者不幸去世，保险理赔金能让他的家人获得保障；保险能支付小孩的教育基金、贷款以及其他债务。

保险就是确保的意思，万一发生意外，确保你可以得到一笔钱。以我最近成交的保单为例，客户一年交 8000 美元，如果不小心意外身亡，受益人可以领取 100 万美元的保险理赔金，我帮客户把钱变多了不止 100 倍。

请你写下这句话：保险可以保障你的身家安全。人生的两大问题：不是你走得太早，就是你活得太老。保险可以解决这两大问题——走得早的人，家人能领到一大笔理赔金；活得老的人，表示你活得越久，领得越多。

保险从业人员是很伟大的投资家、存钱家。保险从业人员就像魔术师一样，帮客户把钱变多。我一向非常自信地跟客户说："请问，哪个行业的人可以帮您把钱变这么多？您的钱投资在哪个领域，可以让您有这么高的投资回报率？"

10年前，我应邀到美国旧金山的银行演讲，银行的同行问我："梅第，平常你都是这样跟客户讲话的吗？"

我说："是的，因为我讲出来的话充满自信，让人感觉很兴奋，而且很容易相信，于是这个人就跟我买了保险。"

所以说，你要当一个很热情、自信的人，因为热情和自信是可以感染与传递的。在销售保险时，热情会让对方感到兴奋，自信会使对方相信你。当他越来越兴奋时，自然会很信任地把钱交给你，请你成为他的保险顾问。

只有敞开心胸，才能彼此对话。

——伊朗谚语

保险有哪些功能和意义呢

保险是一份责任和爱,保险创造并提升人们的生命价值。你的生命价值有多少呢?与你拥有的保险保障成正比。

保险的功能与意义,在于借由保险的保障,使人人都能在安全完整的保障下,让生活更美好,人生更圆满。

寿险顾问借由保险,协助客户解决两方面的问题:

一是风险规避:对意外、伤害、疾病、住院、储蓄、生命等进行保障,是保险的基本功能与意义。

二是理财规划:协助客户达成短、中、长期的理财目标,诸如教育金、购房金、创业金、退休养老金等。

保险的功能是保障、理财、储蓄、养老、节税……

保险的意义是责任、爱、生活必需品、安定、生命价值……

完整的保险,应包含寿险、医疗险、防癌险、住院门诊险、意外身故险、重大疾病险、退休规划等,也应包含人生"三大阶段""四大问题""八大需求"的保障。

"三大阶段":抚育期、奋斗期、养老期。

"四大问题"：活得长、死得早、收入中断、残废疾病。

"八大需求"：生活费用、教育费用、住宅费用、税务费用、养老费用、医疗基金、应急基金、身后费用。

我常在保险业遇到一些害怕销售保险的业务员，他们误认为要客户交一份保费，就会减少一个家庭的收入，不知这是什么观念。所以他们无法胜任寿险顾问的工作，自然也无法成功。借由保险能为客户的家庭提供多一重保障，这是一种很大的贡献。

保险的好处是，避免当风险意外降临时，个人与家庭不致因此而发生剧变。

每天都有人遭遇意外，比方说身为一家之主的父亲，可能因车祸或意外突然过世，留下太太和小孩，没有留下半点财产；房子或店面可能因火灾而损毁；有人因一场车祸重伤，需要住院好几个礼拜。

人们可能因为上述意外，致使基本生活和开销发生问题，保险就是通过分散风险来帮助遭逢意外的人。保险是互相保护的意思，其意义与功能在于社会互助，通过大数法则[①]来分摊个体的风险——每个人交少数的保费集合起来，由未遭遇意外的大多数人来协助遭遇不幸的少数人，使社会安定祥和。

---

① 大数法则：大量随机现象的发生由于具有偶然性而相互抵消，从而呈现必然的数量规律。

保险能帮助人们解决财务问题。有人将保险作为定存，退休后就能获得一笔收入。对成千上万的客户而言，保险是他们存款的主要部分，而且在他们需要贷款时，保单也成为他们最大的信用来源。

在一家之主死亡时，保险为一家人的生活提供基本保障，也可用于孩子的教育基金、房贷或债务清偿等。人们也可以针对大雨、暴雪等自然灾害所造成的损失投保，或为预防某一天的庆祝游行、参观展览可能发生的意外投保。在高度发达的国家里，通过保险来存款的比例相当高。保险公司可以运用所收取的保费，投资工业发展计划的长期投资规划。

保险是世界上最有价值的商品。我喜欢关注别人忽略的事情，对自己销售的保险产品非常有信心。每当我想到还有不少人没有保险或所拥有的保险不足时，就会为他们感到惋惜。保险也曾帮助我个人在早期渡过一些难关。

保险是每个人都会受益的商品。有了保险后，即使遇到意外伤害或困难，也能以比较放松的心情来面对，因为无论遭遇任何不测，我的太太和家人都会受到良好的照顾。保险能帮助父母为小孩准备足够的教育金，保证儿女能上得了大学、研究生，家庭整体经济也会受益。保险的保障对所有人而言，都是非常美好的。

我喜欢一幅大都会人寿保险公司和《花生漫画》[1]合作的漫画，查理·布朗说："寿险顾问是金融稳定的幕后大师。我想象自己和一个保险业界的老顽固一起走在街上，他的头顶上写着：投资在我身上是对的，因为我协助大家买正确的投资产品。"

大都会人寿保险公司和《花生漫画》合作的系列漫画的效果很好，因为它轻松幽默。广告分析家艾尔·瑞思评论道："许多人寿保险广告，内容大多指出一般人最大的隐忧——死亡。这就是为什么大都会人寿保险公司的'查理·布朗和史努比'漫画，会产生这么大的凝聚力。因为史努比是我们的好朋友，如果他敲门，您一定会开门让他进去的。史努比和大都会人寿保险公司，是无懈可击的最佳拍档。"

多年前，大都会人寿保险公司在《纽约时报》上刊登了一则广告，是以我为主角的。在这则广告里，我将脚踩在钢琴上，钢琴下面一排大字为"我们的键盘音乐家"[2]。这份以我为大都会人寿保险公司广告代言人的报纸，让我好几天笑得合不拢嘴，因为它改变了隔壁邻居小孩对我的认识。他对父亲说："爸爸，我们家隔壁的老园丁梅第，竟然出现在报纸刊登的广告里了。"

---

[1]《花生漫画》：原名 Peanuts，简称《花生》，是一部长篇连载的美国漫画，作者是查尔斯·舒尔茨。该漫画的主人公是查理·布朗和史努比，广受世人欢迎。
[2] 原文为"OUR KEY PLAYERS"，也有"我们最主要的业务员"之意。

050

无惧与坚持：销售巨人梅第传

美国大都会人寿保险公司以梅第为广告代言人，该广告刊登于《纽约时报》

我再举一例佐证：1953 年，我到纽约发展时，朋友想要找我一起合买位于长岛的一片很大的土地，每块地的大小是 55×200 英尺①，我以优惠价格购买了两块地。之后有买主想花 2.5 万美元购买我的土地，我当然乐意。不过在签约后的两个月内，这位买主却一直没有出现。我一连等了好几个月，还是杳无音信。后来又有出价 3 万美元的新买主出现，还有人喊价 3.5 万美元、4 万美元。你猜最后我是以多少钱卖出的？最后的成交价是：3.9 万美元。

我当时也没料到，朋友无意间邀我一起买的土地，事后能帮我赚取几倍的钱，这与保险的功能有不谋而合之处。我将钱拿来买土地，是储蓄与投资；买卖过程中，买主一路以 5000 美元在加价，这就是升值。投保也是一样的道理，当你交保费时，是储蓄与投资；将来期满领回，或期间发生理赔时，就是让保费升值十倍、百倍以上。

保险的意义，只是今天做明天的准备；生时做死时的准备；父母做儿女的准备；儿女幼时做儿女长大时的准备，如此而已。今天预备明天，这是真稳健；生时预备死时，这是真豁达；父母预备儿女，这是真慈爱。能做到这三步的人，才能算作现代人。

——胡适（中国学者）

---

① 1 英尺 = 0.3048 米。土地面积大约为 1020.8 平方米。

请分享您"把每个困难都看作一种机会"的人生哲学

请相信：当你得到越多的"No"时，表示你越接近"Yes"了！

我跟客户面谈时，第一个重点是：前20分钟都在关心他，绝对不会一见面就立刻谈保险，那样会让对方有压力，甚至厌烦。

第二个重点是：我一定会跟对方谈他有兴趣的话题，而不是只顾着滔滔不绝地讲保险。你一定会问：要如何找到对方有兴趣的话题？我通常去拜访客户前会先做功课，大概了解他的兴趣和爱好。如果他在忙，我会很客气地问客户："对不起，我是不是占用您很多的时间啊？"

通常客户会笑着说："不会，不会呀，请你再多说一点，跟你说话真开心。"我就知道这个话题是对方有兴趣想谈的。客户都喜欢我们关心他，谈他想听与想说的话题。接着我会细心观察，在这关心客户的前20分钟会谈之间，他对于我与保险的信任是否还有障碍，因为从事任何销售都是从破冰的动作开始的，尤其是在销售保险时。保险是无形商品，销售无形商品比销售有形商品更难。

我耐心地用 20 分钟完成销售的破冰动作，客户已经渐渐喜欢上我后，再开始讲保险。在破冰的过程当中，我都会很自然地聊到自己在保险界的一些成功经验与获奖纪录，比如我经常是美国大都会人寿保险公司的销售第一名，经常受邀到全世界各国演讲，等等。我不是用夸张的、炫耀的方式来讲，而是在自然而然的愉快对话中轻松表达。

并且我都会说："我是多么感谢上帝，让我得到第一名！我不知道自己是如何得到第一名的，这都要谢谢上帝。"

客户通常会接着说："是啊，感谢上帝。梅第，你跟其他保险业务员完全不一样，我喜欢你，那就照你建议的保单为我规划吧。跟你谈话我真的很愉快。"

当你去见客户时，一般会出现的情形是：他会有戒心，还会一直说很忙，不用啦，保险已经买很多了，要你最好别去见他。我从事保险业 50 多年来，初期当然也常会被拒绝，但我始终运用"把每个困难都看作一种机会"的哲学，因此自然会在看似困难中，找到无限可能的大好机会。

您如何永远保持积极正面的思考

我来分享一个好故事。

有一次,我去宾夕法尼亚州演讲。会后,有位名叫"保罗"的人,跟我分享了一个故事。

保罗说,他很想找一个星期 50 美元的工作,但都找不到,他觉得非常沮丧,非常难过,甚至开始有抑郁倾向。

朋友告诉保罗:"你为什么不去做保险呢?因为保险公司可以接受没有经验的人,在那里你能看见美好的未来,我看见了你的潜力。"朋友一直这样鼓励他,并推荐他去距离最近的一家 Miucho of York 保险公司。

保罗进入这家保险公司并经过训练后,主管告诉他:"我们会帮助你考取执照来销售保险。当你拿到执照后,每天请来我这里工作,早上 8 点钟到公司,出去见 10 个人谈保险。如果这 10 个人都跟你说'No'的话,我一天给你 50 美元。"

"我有没有听错?哪有这么好的事?请你再讲一次。我是连一星期 50 美元的工作都找不到的人,现在你一天要给我 50 美元,而且是只要我出去找 10 个人,每个人都跟我说'No',我就可以拿到这笔钱。是这样吗?真的吗?"保罗非常怀疑

梅第爷爷（中）是全球保险精英最尊敬的偶像

地问主管。

主管直点头说:"对对对,就是这样,没有错。"

所以当保罗拿到执照时非常开心,每天不是按规定 8 点才到办公室,而是在 7 点就早早到了。7 点到时,办公室没有人,他很开心地等到 8 点打完卡,就立即冲出去找 10 个人谈保险。

第一个人是保罗最好的朋友杰克。杰克跟他说:"不好意思,3 个月前我才买了 10 万美元的保险,所以很抱歉……"

第二个人是他的朋友乔。乔说:"天啊,我买了很多保险,已经多到快淹到我的喉咙了……"

第三个朋友托马斯说:"2 个月前刚好检查出有心脏病,没办法再买保险……"

就这样,接连第四、第五、第六个朋友都对他摇头说:"No! No! No!"一直拜访到第七个朋友埃蒙德,才终于跟他点头说"Yes"。

很多寿险顾问拜访客户时,遇到第一、第二个人说"No"时,感觉就像世界末日般,心灰意冷地放弃了。这样的话,当然不会再出现第三、第四、第五、第六、第七、第八、第九、第十个客户了。

就这个故事来讲，保罗拜访到第七个客户时才听到"Yes"，因为他记得主管说："如果你每天拜访 10 个人，都跟你说'No'的话，我一天给你 50 美元。"这句话让他信心满满，不但充满斗志，还更加兴奋。因为已经有 6 个人拒绝他了，只要再有 4 个人对他说"No"，他今天就可以拿到主管给他的 50 美元了。

但他的第七个客户愿意投保。不管这份保单的内容是什么，保费是多少，相信他的报酬都将超过主管答应要给他的一天 50 美元。只要他的客户保费稍微多些，他就可以获得 50 美元、100 美元、150 美元、200 美元、400 美元、450 美元、500 美元，甚至更高的报酬。不是吗？

这个故事要强调的是：当你得到越多的"No"，越多的拒绝，表示你越接近"Yes"，越接近成功与财富。永远都要保持积极正面的思考，化危机为转机。你的积极心态与正能量，绝对可以让你业绩长虹。

世界上最宽阔的东西是海洋，比海洋更宽阔的是天空，比天空更宽阔的是人的心灵。

——雨果（法国作家）

您成功的关键是什么

"无惧——天下无难事,坚持——凡事做得到。"我奉行的梅第成功五大原则:诚实至上、将心比心、知识就是力量、工作就是娱乐、决不气馁。

我以"知识就是力量"来说明。学习、学习、再学习,我非常喜欢学习。我已巡回50多个国家演讲,每次演讲后,我不会立即离开会场。有些演讲者讲完就掉头走人,他们觉得自己就是最棒的第一名,没必要坐在台下听那些菜鸟演讲。

2007年4月,我应台湾IFPA[①]之邀,在台北小巨蛋体育馆进行了万人演讲。演讲后,我坐在第一排竖起耳朵,专心听讲。很多人好奇地问我:"梅第,台上的年轻演讲者都可以当你的孙子了,资历又比你浅,你也听不懂中文,为什么还那么认真地听?"

我微笑着说:"是啊,我的确完全听不懂中文,但我的两只耳朵都是打开的,我旁边会有热心的人为我翻译。欣赏年轻人在台上活力十足的表现,我坐在台下给他们鼓励感觉很好。"

---

① IFPA:中华保险与理财规划人员协会(Insurance and Financial Practitioners Association of Taiwan),成立于1994年5月,是由台湾地区优秀保险从业人员所组成的一个民间社会团体,主要目标是提升保险专业销售品质。

2007 年，台北小巨蛋隆重举行"第九届亚太保险理财万人大会"，梅第爷爷受邀担任主场讲师，受到热烈欢迎

更重要的是，从这些演讲者身上，我只要有听到一个好点子，就太值得了。

不管台上的人是谁，在讲什么，我都会当个很好的听众。我平均每年有三四十场演讲，去三四十个不同的国家或地区。如果我每场听到一个好点子，一年就有三四十个好点子，10年就有三四百个的好点子，20年就有将近1000个好点子。这些好点子都是很受用的。假设每一个好点子都价值几千美元，那我就多了1000个几千美元，这是多么开心快乐的事。

当你双耳打开专心聆听，你的心智也会打开，可以接受任何的信息，即使是小孩子的点子也非常宝贵。我曾在某场演讲会上听到一个好例子：

小毛家的爱犬不小心掉进一个洞里，怎么爬都爬不出来，无论爸爸妈妈怎么使劲拉，都拉不出来卡在洞里的狗。半天后，爸爸妈妈精疲力竭地对小毛说："算了，我们不要这只狗了，我再买两只小狗给你。"一直在旁喊加油的小毛说："我们把水倒入洞里。当洞里的水满时，狗不就会慢慢浮出来了吗？"小毛的一个好点子成功地救出了那只狗。

我永远都打开耳朵，专心聆听别人讲话。当一个好的听众去学习，会帮助你我更成功。

🎙️ 请分享您"要辞职,也要先赢得胜利"的成功哲学

对于每天都有不同挑战的销售工作,请学会打消所有关于失败的念头。如果目前的方法行不通,就换不同的方法来试试看,针对问题找出新的方法来处理。所谓"山不转路转,路不转人转",深思熟虑后再持续进攻,终将赢得最后的胜利。

在"地狱厨房"这样恶劣的工作环境中,每天都会发生一些不愉快的事,一段时间后,我终于忍不住要辞职了,便和太太席格兰商量此事。

"我不喜欢当收账员。以我的家庭背景——我父亲是伊朗富翁,我是硕士高才生,真不知自己在做什么。"我说。

"梅第,你自己是最清楚一切的人,做你应该做的事,做你想做的事。"我太太这样回答。

第二天早上,我又来到"地狱厨房"贫民区的街上,那是寒冷、灰暗的一个 11 月的早晨,我决定在今天工作完毕后递出辞呈。我告诉自己,这是最后一天担任大都会人寿保险公司的收账员。

下午 6 点多,当我又结束令人沮丧的一天时,不禁开始疑惑

地问自己："其他能力比你差的人，都可以胜任这份收账员的工作。我的字典里没有'失败'两个字，如今却要离开大都会人寿保险公司，这不就是失败吗？"

在那个寒冷潮湿、灰暗阴沉的傍晚，这场景足以让人斗志全失。我站在曼哈顿"地狱厨房"这个贫民区的人行道上，心想："我要先成功，然后再辞职。就算要辞职，也要先赢得胜利。"走在湿冷的街道上，我做了一个重要的决定：未成功之前,决不轻言放弃。我许下这个承诺,这也是我日后能面对挫折、挑战而赢得重要胜利的关键。

当下我的工作态度完全改变了。我将在"地狱厨房"贫民区的收账工作视为帮助别人,以保险获得保障是非常重要的服务工作,而不再是以不愉快的心情来看待这份收账员的工作。

我相信对那些住在贫民区的贫困者而言,保险是一种重要的储蓄手段,更重要的是,保险为他们的经济与意外等风险提供保障。观念一转,心态完全转变。对,我是对他们身家安全有极大帮助的快乐收账员,从此我工作得更加卖力。

"地狱厨房"让我更进一步体会到,放弃就是主动向挫折招手。如果你说"我做得到",你就一定会成功;如果你说"我办不到",那你必定会失败。事实上,我坚决主张,只有成功的人才有放弃的权利,并且必须是在他成功之后。

改变在"地狱厨房"的工作心态,是我在落实"我的字典里没有'失败'两个字。就算要辞职,也要先赢得胜利"的基本原则。我咬紧牙关继续坚持下去。出人意料地,一小段时间后,我除了收取保费,还开始成交新的保单。

上帝祝福那些好心告诫别人的人,但是更庇佑那些听从告诫的人。

——伊朗谚语

请分享您成交第一张保单的过程

改变在"地狱厨房"当收账员的工作心态后,我化消极被动为积极主动,每天怀着帮助别人的快乐心情,而非以前感到厌恶的委屈。

走在贫民区街道上,我的脚步不再沉重,而是轻快自在。原来老旧建筑与脏乱环境散发出的阵阵恶臭,已不再那么使我难受,相反,我一天不闻这特殊的味道,感觉还有些不习惯呢!

我除了更积极认真地扮演好收账员的角色,也开始向他们推销新保险。当然,我总是被拒绝,然而在锲而不舍、滴水穿石的努力下,我签下从事保险工作以来的第一张大保单。这是我的同事主动要放弃的一张10分钱的保单。

我自告奋勇地接下这张在"地狱厨房"附近开店的生意人的保单。

"算了吧,这样做没什么好处的。梅第,放弃这一单吧。住在贫民区的人又穷又难沟通,小心又被赶出来啊……"我的同事对我泼冷水地说。

我喜欢挑战别人认为不可能、很难、无法达成的事,所以尽管同事一直叫我不要去，我依然决定去拜访这个住在"地狱厨房"的生意人。我敲门后，里面传来一个男人的声音："谁呀？"

"先生您好，我是大都会人寿保险公司的梅第，想要和您谈谈关于您的保单的问题。"我有礼貌地表明来意。

"我的保单怎么了？"他问。

"先生，我只要借用您 5 分钟的时间，就能够带给您极大的帮助……"还站在门外的我说。

"你们这些卖保险的真烦。我正在吃饭，没有 5 分钟的时间借你。你走吧。"他不耐烦地大声叫我走。

还在门外的我，以谦虚有礼的态度不断请他开门借我 5 分钟。几分钟后，这个生意人终于同意让我进门来。

"你说 5 分钟就 5 分钟，讲完就快走，免得我的晚餐冷掉了……"虽然他开门让我进来，但态度仍然相当冷酷。

结果我们不但相谈甚欢，还谈了快 3 小时，超过原来所说 5 分钟的 36 倍的时间，生意人还意犹未尽地不断询问我问题。我们谈到关于他的资产与负债，可能会被课征的遗产税，以及当时对现金的需求……当然他的晚餐早已冷掉了，但这对他而言，已完全不重要了。

066

——

无惧与坚持：销售巨人梅第传

我们相谈甚欢的 3 小时后，我带着保额 10 万美元的人寿保险申请书（投保单），愉快地走出生意人家的大门，我成交了他每年 4000 美元的保费。这张保单顺利地获准通过公司核保。更令我开心的是，一年之后，这个生意人打电话给我，说他想要再加保 10 万美元。

这真是一张令人愉快的保单。当时有谁知道贫民区附近的街上，竟然住着一位有钱的生意人？又有谁相信，原来只是要收 10 分钱的保费，我竟然成交了他 4000 美元？

由此可见，不要小看任何一位客户，不要以外表来评论他，更不要自我设限。请记住：没有卖不出去的保险，只有不敢开口的业务员。

欺骗他人者，即使家里失火也不会有人前来相助。
——伊朗谚语

您未升任保险顾问前，如何设定目标激励自己

伊朗谚语："魔鬼的凶恶，不及你想象中的一半。"

设定明确目标，有助于克服恐惧、没自信、懒散、畏缩、拖延等消极态度。

之前我因不喜欢在"地狱厨房"当收账员，进而萌生辞职的念头，但站在寒冷潮湿的脏乱街头，我告诉自己："我要先成功，赢得胜利后再辞职。"这就是我当时设定的自我激励的目标。

一旦你设定了明确的目标，注意力就会集中。你的全部精神，不论是意识的，还是潜意识的，都会努力地想要达成这个目标。你会关注任何与目标相关的事情，明确的目标将会促使你展开行动。

大部分的人未能意识到，也无法有效地发挥设定目标所产生的巨大力量。没有目标的人，好比在大海中失去方向的船只。请设定你希望达成的短期、中期、长期目标，并随着实际进度逐步修正，这样比较容易达成目标。当你达成原来自己认为不可能达成的目标时，无比的成就感将是你最大的报酬。

仔细想想，你有什么明确的目标要实现？现在请提笔好好写下你的各项目标。

事业目标：

财富目标：

家庭目标：

亲子目标：

运动目标：

健康目标：

社会公益目标：

退休目标：

对你设定每日目标的建议：

随时吸收新观念

进行创造性的思考

培养精练的表达能力

尽量结交有影响力的人

学习成为一个好的聆听者

学习成为一个好的演说家

吴锦珠（右二）、王鼎琪（左一）前往纽约贴身采访销售巨人梅第爷爷（左二）

明确的目标将协助你更快地迈向成功之路，使你精益求精，更上一层楼。

即使数十年来，大家都赞美我功成名就，但至今我还不认为自己已经很成功了。我的确是美国顶尖的保险从业人员，但我的目标是，当全世界保险界最顶尖的第一名。这个远大的目标和野心，使我每天都为了实现它而更加努力。这就是设定明确的目标所产生的巨大动力。

越有钱的人，越需要谦恭有礼。

——伊朗谚语

在 1960 年，您如何突破神奇的 100 万美元业绩目标

处于人生的转折点，要把每一个困难都当作一种机会。

在美国大都会人寿保险公司担任 3 年收账员后，我终于升任为大都会人寿保险公司的保险顾问。这个职位使我不用再当收账员了，可以开始负责至少 1000 美元以上的保单。升上保险顾问这个职位后，我的能力终于可以尽情地发挥。

每天早上 6 点半至 7 点之间，我就到办公室开始工作，这个好习惯已经持续保持 54 年，直到现在我 87 岁都仍是如此。我之前工作非常努力，即使夜晚或周末，我都在拜访客户、谈保险，很少休息。当然，我从不曾停止学习，更将每一个困难都看作一种机会。

记得有个星期五下午，公司里大家都在等着发薪水，多数人希望早点拿到钱回家，或者领了薪水马上去血拼①，而我也等着赶紧领到薪水，好赶赴晚上和客户的约会。比较一下，一般的业务员领钱后，很开心地回家去，或者去买东西犒赏自己，当然这样做也很合理，而我却把握分秒，领了薪水赶紧再去见客户、谈保险。因为我积极努力，爱惜光阴，充分掌

---

① 血拼，是英文 shopping 的中文谐音，指逛街购物。

握时间，自然我的成功可能性一定会比其他业务员更大。

我努力认真打拼的工作精神，大家都看在眼里。某次同事对我说："工作不要这么拼命。你天天都将工作摆在第一位，这样快乐吗？我才不会像你这样卖命打拼，快乐才是最重要的。"

我微笑着回答他说："谢谢你的好建议。对我而言，天天努力工作真的非常快乐，因为我和客户们在一起，以保险帮助他们解决人生中的各种问题。我最大的快乐，就是成为一个最顶尖的保险顾问。"

1960年，从事保险业只有5年时间的我，将所有时间都花在销售一般寿险保单上，成功突破神奇的100万美元业绩目标。在当时，这是一个大纪录。

从此以后，我每年的业绩都持续向上攀升。1964年首度超越200万美元，1971年突破300万美元，1972年突破600万美元，1973年突破800万美元。1977年，我更是突破美国大都会人寿保险公司有史以来最高的销售纪录，一年销售业绩高达1700万美元。1980年，我的业绩更是突破5000万美元。

之后每一年，我的业绩都大幅增长。尽管我早已经是大都会人寿保险公司最顶尖的业务员之一，但我决不以此自满，不断给自己设定更高的业绩目标。每年我都会设定更高的业绩

目标，那些看似不可能的任务，我每次都能达成。多年来，我每年成交75份至80份新保单，有时甚至超过80份。

我可以做到，相信你必定也能做到。只要拿出你的热诚、信心、毅力，以及不断追求达成新目标的精神，你一定会非常成功。

球和场地都在这里，就等着你来好好表现。

——伊朗谚语

请分享您成交 100 万美元保单的技巧

人寿保险是一种独特的无形产品。销售保险并非人人都能从事,只有对适当的优秀人才而言,才会是伟大的事业。

在保险界要功成名就,不像有些人想象中那样简单,当然也不像有些人想象中那样困难。有很多人经过努力达成了,也有人没做多久就因为种种原因离开了,他们说:"啊,保险真不是人做的。"的确,保险是超人做的。

刚开始投入保险业时,我是个门外汉,我进入了一个全然陌生的领域中。为了快速了解保险,我用功阅读许多保险相关书籍,主动参加培训、演讲课程。时至今日,我仍会时常研读专业的报纸、杂志和书籍。

由于我对保险相关事务了解透彻,所以在面对客户谈保险时,我能够自信地逐条说明保单合约,并将艰涩难懂的专业术语转化为简单易懂的语言。因此,客户都觉得梅第是保险专家,诚实、有信用、谦虚有礼、服务周到,自然喜欢选择我来当他的保险顾问。

我永不停止对新知识、新观念的追求,只要有演讲或课程,我都会专注聆听。

被全球保险界称为"永远的世界第一"的梅第,也是获奖无数的得奖"常青树"

我举多年前成交的一笔百万美元保额保单的例子来说一下。

当时,美国大都会人寿保险公司在一个度假区招待杰出的业务人员,并举办营销讨论会。公司表示,除早上和下午的全体会议必须全员出席外,其他课程是自由参加的。许多人趁机快乐地在度假区游泳、打高尔夫球、打网球、散步……我没有将宝贵时间花在任何玩乐上,而是把握住每一个学习的好机会。

我专注地研读关于保险营销新概念与销售秘诀的笔记。其中有一堂课,是邀请当年保险业务员中的佼佼者——弗兰克·苏利文(Frank Sullivan)担任讲师。部分业务员因为去游泳、打球,没有来听课。我端坐在第一排的位置,心想,这样棒的讲师,怎么有人会为了玩乐而错过他精彩的演讲?

顶尖的业务员都知道,在一场演讲、一篇文章或一本书上,只要能获得一个不错的概念,那就值回票价了。我在苏利文的演讲中,听到一个令我受益匪浅的概念。

当时他是这么说的:"大多数的人比他们想象中更需要保险。如果你的客户签了10万美元的保单,他极有可能需要的是一份20万美元的保单。所以拿到一张申请书后,先提交另一份更高额的保单给公司,等到公司同意以相同费率签订这张合约时,你就回头告诉客户,他能以优待的费率获得更大的保险范围,同时跟他解释这么做有什么好处……在99%的案例中,你都会成交更高额的保单。"

听到苏利文这段话，我真是如获至宝，这是多么珍贵、价值100万美元的好点子。在这堂课后的几周内，我运用苏利文谈到的销售技巧，成功销售出了我的第一份百万美元保单给一家进出口贸易公司的老板。

要与大家分享的是，如果我没有充分把握向成功者苏利文学习的机会，而是跟着一群人去打球、游泳、玩乐，就学不到销售高额保单的技巧。一场演讲让我获得一个销售的宝贵秘诀，使我的业绩加倍增长。建议您不论是参加何种培训课程，将玩乐的时间拿来学习，肯定对您有最大的帮助，让您有最大的收获。

叫鸵鸟去搬运东西时，它会说：我是一只鸟；要它飞翔时，它却会说：我是一只骆驼。

——伊朗谚语

请分享您"用 50 美元,赚取 500 万美元"的成功案例

和客户建立深厚的友谊,有助于事业的成功。从小父亲教导我,助人为快乐之本,所以从小到大我都非常喜欢帮助别人。

1960 年,我为客户汤姆·史密斯规划了一份小保单。成交几个月后,史密斯有突发的紧急状况,请我先借给他 50 美元。我同意借钱帮助他应付紧急状况。几个星期后,史密斯打电话给我说:"梅第,不好意思,我没有办法马上还你钱。因为我手头还是很紧,而且我还需要钱来交我的保费。"

"不急、不急,没关系的,你还是赶快付你的保费比较重要。如果保险失效了,你之前所交的钱就泡汤了。"我告诉他真的不要担心。

隔了一阵子,史密斯并没有依约归还我借他的 50 美元。我曾考虑过打电话询问他,但后来想了想,还是决定算了,不打这个电话。我心想,当他有钱时,自然会还我,现在他可能比较缺钱,需要用这 50 美元来做更重要的事情吧。我没将这事挂在心上,就这样过了几个月的时间。有一次,我在餐厅吃午饭时无意中遇到了他,立即上前热情打招呼。

"史密斯,你好,嫂夫人和小孩都好吧?"我客气地关心他。

079
—
第二篇　无惧

只见史密斯满脸尴尬，他可能因为欠我的钱没还而很不好意思，所以我绝口不提50美元的事。如果他有钱的话，早就还我了，若我在此时提起还钱的事，可能会令他感到尴尬。接下来，我们又有几次碰面的机会，史密斯都没有要还钱的意思。我一样绝口不提，对他依旧很有礼貌。我尽量设身处地为他着想，不去提他未还给我50美元的事。

时光匆匆，很快一年就过去了。当我几乎已经忘了这件事情时，某天早上，我接到一通意外的电话。

"梅第，我是史密斯。"电话那端传来熟悉的声音。

"你好，你好，真高兴接到你的电话，你最近好吗？"我热情地说。

"梅第，告诉你一个好消息，我昨天晚上在宴会中碰到一个朋友，他说想要买保险，却不相信和他接洽的业务员，所以我向他推荐你，请你记下他的电话号码……"这真是一通令人开心兴奋的电话。

我立即拿起电话打给这位先生，并约定好面谈的时间和地点。周末的面谈非常愉快，我与他成交了一笔10万美元保额的保单。

感谢史密斯为我介绍客户，虽然他还有50美元尚未还我。换个角度想，单就他推荐让我成交这份保单的佣金，就已经是50美元的20倍以上了。这就是我将心比心、体贴并保留情面所带来的好处。如果我当初急着要他还钱的话，或许他就不会为我介绍客户，当然我也赚不到这笔佣金了。

我所获得的回报还不仅于此呢。那位投保10万美元的保户，又热心推荐我为他的朋友服务。他们一个介绍一个，成交的客户转介新的客户，让我陆续成交了500多万美元保额的保单。

你可能觉得不可思议，我自己也非常兴奋。因为当初我没有向史密斯追讨50美元，他回馈给我的竟是高达500万美元的保单。这真是一个极好的投资！

看完这个好例子，你可别急着要到处出借朋友50美元，好换取500万美元的保单。我要强调的是，助人为快乐之本，出于善心好意而帮助别人所带来的回馈，往往超过你所能想象的10倍、20倍，甚至100倍。

精神上富裕的人，不怕物质上的贫穷。

——伊朗谚语

听说您的粉丝会将自己和儿子命名为"梅第",是这样吗

是的,在全世界保险界有许多崇拜我的"粉丝"将自己和儿子命名为"梅第"。当我第一次听说有人听了我的一场演讲后,立刻将自己的名字改为"梅第"时,我真是开心!当然也感觉不可思议。

10年前,我在马来西亚演讲,现场有8000多个听众。演讲结束后,有一个中国人跑来说:"梅第,你记不记得两年半前在新加坡演讲?我当时就在现场。听完你的演讲后,我非常感动,马上将我的名字改成'梅第'。我知道'梅第'在波斯语中是领导、领袖的意思……"他一边兴奋地握着我的手,一边凭着深刻的记忆回忆说,两年半前我在台上讲些什么,演讲的主题内容是什么……

我同样对他印象深刻,直到现在,我的皮夹里还保留着他的名片。

之后,我又去印度、泰国演讲,演讲后离开泰国是隔天凌晨4点。回到美国隔一天后,我又马上要去缅因州。到达机场后,我发现有很多人要跟我照相,热情的观众令我拖延了不少时间。于是主办单位请了警卫,交代他们从晚上10点演讲结束

梅第（上图左三，下图前排右二）是全世界保险精英最尊重的楷模

后到隔天凌晨4点，一定要全程保护我的安全，并且要拦截这些热情的观众，千万别让他们因热情而造成可能的麻烦。

演讲结束后，在警卫的隔离下，我正要离开热情的观众。这时，有个一直紧挨着我的男子，半走半跑地跟着我们。他企图冲破警卫的隔离，以便近距离跟我讲话，我停下来跟他热情地问好。他满脸兴奋，不过讲话的口音很重，听不太清楚他到底在讲什么。原来他要跟我讲的是，他的太太刚生下一个小婴儿，他非常高兴地为自己的小孩取名叫"梅第"。以他最尊敬的梅第为孩子命名，他感到非常骄傲！讲到这里，他红了眼眶。我十分感动，当场给他热情的拥抱，现场也报以热烈的掌声。

记得还有一次，是在10多年前吧，我去新加坡演讲，有个华侨对我说："梅第，你记不记得7年前来过这里演讲？那一天，正是我第一天做保险，那时我很犹豫要不要做保险。感谢在台上的你给了我许多鼓励。是你精彩的演讲帮我做了明确的决定，让我选择留在保险业发展……"

为了感谢我并激励自己，他也将太太刚生下的婴儿以"梅第"命名。当时我太太也在现场，太太非常高兴地与这位华侨聊着他为何要以"梅第"为自己的小孩命名的事。当下合不拢嘴的我，幽默地跟我太太说："幸好你一起来了，亲耳听到他们说以'梅第'为自己的小孩命名的故事，否则多年后，你会奇怪怎么到处都有我的小孩。他们都叫'梅第'。哈，那肯定不是我的亲生小孩。"

我还听说过好几个将自己与孩子以"梅第"命名的故事，这些是我遇到的、认识的。说不定还有些我不认识的人，他们也用"梅第"命名呢！

所以，有人开玩笑地建议我，干脆组一个"梅第俱乐部"吧。试想，如果全世界的保险界有人因为喜欢你、尊敬你、崇拜你，希望将来可以跟你一样成功，也将自己和孩子以你的名字来命名，相信这会是一件让你开心一辈子的快乐事。

千万不要相信生病的大夫和秃头的理发师。
（这是句玩笑话，意思是：信任那些在其专业领域中出类拔萃者。）

——伊朗谚语

如何满足客户的需求

要用心为每个客户规划适合他的保险,并且竭尽所能地做好各项服务。

许多保险顾问在客户尚未投保前会殷勤地拜访,到成交即止。不少客户会抱怨:怎么买了保险后,就很少见到卖他保险的业务员了?不只没什么具体的服务,连人影也不见了。其实顶尖的业务员,会将售前售后服务都做得一样好,尤其是售后服务,甚至比售前服务更重要。

几年前,有个客户没有事先跟我预约,在我正忙碌时,就匆匆忙忙地赶到我的办公室。他急着对我说:"梅第先生,我必须在今天下午3点前存45万美元到我的账户里,不然后果严重。"原来他遇到财务危机急需用钱,所以跑来找我想办法筹钱。

我赶紧请秘书找出他的数据。虽然他之前是以保单贷款的方式交的保费,但的确足够贷出45万美元。"很抱歉,今天下午3点前,可能没办法做到。"我很诚实地说明。因为一般按照公司规定,最快也要两天的时间才能处理好。

"梅第,你一定有办法帮我办到的。如果这笔钱在下午3点前没有存进银行,我就会很惨,因为会破产!真的很紧急,所

以才赶紧来找你求救啊！梅第，你一定要帮帮我。"他紧张地说。

我说按照公司规定，没办法这么快贷给你。"怎么办呢？"我俩同时说出这句话。

我知道情况紧急，如果今天筹不出钱来，他就要破产了，这是我们都不想看到的事。于是，我拿起电话打到总公司询问。总公司相关人员回答说："不行，真的没办法在这么短的时间内……"

我长话短说，挂了电话后再拨给公司副董事长，我诚恳地告诉他，我的客户面临这个难题，请他帮忙处理。副董事长一样回答："不行，最快也要两天的时间。怎么办呢？"

我跟副董事长说："无论如何，一定要帮助我的客户，不然他就要破产了！"

副董事长是个很好的人，他说："让我想想有什么方法可以帮忙解决。"20 分钟后，副董事长回电话说，他请公司顾问教我的秘书如何在今天解决客户的燃眉之急，当天就顺利解决了这个客户可能破产的问题。这 45 万美元是从他的保单直接借出来的，也就是保单贷款。

生意人难免会有急需用钱调头寸[①]的时候，我以保单贷款帮助过不少商务人士，让快破产的人顺利度过危机。保险的好处很多，其中一项就是预防破产。

另外一位住在加州的客户，也以保单贷款的方法解决了破产危机。当初他投保 100 万美元时，直对我摇头说，不要那么多，保费快付不出来了。后来我为他规划 200 万美元保额的保单，他直说为什么要买那么多啊！如今他非常感谢我当时为他规划符合他身价的保险，让他顺利度过差点破产的危机。

在经济景气、客户经济能力好时，请他多买保险，将钱妥善保存在保险公司是有道理的。因为一旦经济不景气，客户经济能力不好时，就能以保单贷款的方式将钱直接从保险公司借出来。这样既能解决缺钱的危机，还不需要向亲友或银行借贷。

我永远提供最好的服务给客户，并竭尽所能满足他们的需求。

不论菜肴多么美味，一只死老鼠必定会毁了整盘菜。

——伊朗谚语

[①] 头寸：金融界和商界的流行用语，指款项。

如何针对不同年龄群的客户来规划合适的保单

一般我们会将客户分为五类：第一类是单身贵族，第二类是新婚夫妻，第三类是有子女的父母，第四类是事业有成者，第五类是准备退休者。

要根据他们的需求来设计规划保险，以确保其身家安全。比如对于第一类单身的年轻男女，在产品规划上会比较注重储蓄。通常我会询问他，有没有家人需要照顾？将来有没有可能结婚？如果会结婚，计划几年后生小孩？根据他回答的资料，及他比较注重的部分来规划保单内容。

不论是上述哪一类的客户，一张符合其需求的保单都能帮他避开大部分的风险。买保险是保障，是应急备用，是存钱，是支付住院医疗费，是……这些能覆盖五类不同客户群的基本需求。假设单身贵族今年投保，明年要结婚，计划两年后生育小孩，他的需求会随着时间而改变，当然保单规划内容就会有些不同。我的多数客户都是在人生不同阶段，根据自身的需求逐渐加保的。

一些年轻人不想立即决定投保，我会跟他说明：根据客户不同的职业、健康、年纪，保费会有所差异。请问7年后的你跟现在的你相比，会变得更好，还是会更不好？你是会更健康，还是会更不健康？你是会更有钱，还是会变穷？多数客

马来西亚友邦人寿区经理陈燕国（左）说，梅第爷爷是他最尊敬的偶像

梅第爷爷受中国太平人寿邀请，到杭州为保险精英们演讲

户都会睁大眼睛看着我，因为谁也不知道 7 年后的自己会不会比现在更好、更健康。留些思考空间给客户。

新婚夫妻会因为想要给心爱的人更多的照顾，而适时调高寿险保额；对准备退休者而言，宜趁早筹备退休养老金，亦可借由提高保额来储蓄退休金。

统计数据显示，有些储蓄型保险每晚一年投保，保费会随年龄的增长上涨 5%，7 年就会上涨 35%。这不是说只有投保第一年保费多交而已，在分期交费期间，7 年后你买的保单跟 7 年前购买相比，每年都得多交 35%。

相信以你的聪明才智，必然知道我提供给你的是一项非常好的保险计划，请不要再犹豫，请明智地签订投保单，马上成为服务最好的梅第的客户。成为我的客户后，他们因为喜欢我专业的服务，都会主动为我再转介绍新客户。

当噩运来临时，就算你骑在骆驼上，也有可能被狗咬。
——伊朗谚语

如何打开销售大门

打开销售大门,就是要打破推销的重重障碍。推销的入门工作,宜把握六个重要的原则:

第一,你一定要展现出相当的自信,无论对自己还是对保险产品。

对自己和你所销售的产品有十足的信心,你所散发的气息才能取信于他人,使他人对你放松戒心。诚实和有礼的表现,才不会让客户感到紧张或怀疑。当你学会如何克服自己因未知或害怕失败而产生的恐惧后,销售大门已打开一半。

第二,你必须让忙碌的主管放松,并突破过度警戒的秘书。

善解人意,知道什么话会触怒对方,什么表现会令对方疏远,什么事会叫对方困扰,这一切你都一清二楚,因为你也会感同身受。

第三,有成功的推销技巧,跳出已知的恐惧。

战胜你的恐惧是相当重要的。和陌生人打交道,自然会产生不安。成功的业务员会承认恐惧的存在,如同经验丰富的演员在首演的当晚,也难免会感到紧张害怕一样,适度的恐惧反而能激励自己有更好的表现。

曾经有个害怕与客户面对面推销的业务员，他决定在直接面对顾客时，先把推销的念头放在一旁。他买了一些和他要推销的产品相搭配的小礼物，再把礼物一一送出去。他压根就没打算要推销任何商品，而是像个圣诞老人般逢人就说："这是一份免费的礼物，送给你。今天你附近的邻居都会收到，代表我们对你们诚心的祝福与感谢。"

有人主动将礼物送上门来，相信大家都会乐于接受。这名业务员在离开前会简短自我介绍，有些收他礼物的人会想要进一步了解他所销售的商品，也很有可能有人会向他购买。如此一来，他增加了不少业绩。

第四，善用市场调查的良效。

举个例子，卖洗碗机的业务员列出一堆相关的问题，并针对家庭主妇做访问，结果发现，平均每五个家庭主妇中就有一个对你的产品有兴趣，还会主动询问你的洗碗机是什么品牌，它的性能、价格，它有无优惠。同样，你也可以做保险问卷调查表，请准客户们填写，借机打开销售的开关。

第五，进行销售演练，直到熟练为止。

在实地推销之前先进行销售演练，这是去除恐惧的好方法。你可找六个朋友或同事，请他们当你的听众。每一回你都必须尽己所能地演练，再请他们给予最诚实的批评、指教。如此一来，当你要正式上场拜访客户时，你已经做过六次模拟演练了,这足够让你克服恐惧。因为恐惧常来自未知,在研究出六套推销技巧后,销售将不再是让你因未知而恐惧的事。

第六,向客户推销自己。

成功的业务员,通常会花 85% 到 90% 的时间来推销自己,用 10% 到 15% 的时间来推销产品。尤其保险是无形商品,让客户对你产生信任,他对产品的疑虑将随之消散。因为只有相信你的人,才会认真考虑你的建议。

我经常会在与客户谈保险计划之前,先简单述说自己在伊朗的生活背景、来到美国受教育的原因和销售保险的经过,重要的是介绍我在保险业的优异表现。在向初次见面的客户推销保险时,我前 20 分钟的谈话内容,大致注重于自我介绍、推销自己、让他喜欢并信任我。

累积许多优异的销售得奖记录,会让客户对你更加信任且印象深刻。以我为例,我在大都会人寿保险公司历年来的得奖事迹足以说服客户,买保险找梅第就对了。我是大都会人寿保险公司的顶尖业务员,百万圆桌协会及五百万讨论协会的会员,在专业或民间团体中,我都非常活跃,我的奋斗历程多彩多姿……

一千个愿望,也无法把你的桶子装满鱼。

——伊朗谚语

第三篇 坚持

请分享梅第成功的五大秘诀

梅第成功的五大秘诀："诚实至上、将心比心、知识就是力量、工作就是娱乐、决不气馁。"

"上帝祝福那些好心告诫别人的人，但是更庇佑那些听从告诫的人。"这句古老的智语，也是我遵行的成功关键。

诚实至上

认识我的人都会说，梅第是个很有教养的人，展现出伊朗人殷勤与热诚的传统特质。真实是无可替代的，如同莎士比亚笔下的丹麦王子曾说的："自我方为真……人不可以假面示人……"

父亲从小教育我"诚实至上"的重要性。如果你不诚实，总有一天会有人揭穿你的谎言。此后你所说的话，恐怕再也无法赢得信任，这将是莫大的人格损失。

诚实很重要，我和太太席格兰都是诚实的人，所以我们拥有美好的人生，有幸福的家庭与优秀的孩子，有这么棒的保险事业，我们衷心感恩与珍惜。

将心比心

随时注意并体贴别人的感受,善待每一个人,就像他们都是你的贵人般。

做个乐善好施的人,帮助别人不求回报。如果有人请我帮忙,而我没有做好的话,我会因此而睡不着觉。

当你能将心比心时,即能营造绝佳的销售气氛。你会明白客户的需求、安全感、自我保护,让他免除忧虑,并进一步认同你。

对我而言,潜在客户无所不在,因为我知道如何发掘客户们的需求,并满足他们。随时把握任何一个销售的机会,例如,当我搭上机场的小型巴士,我会在车上建议旅客投保;在游泳池畔,我会对泳客说明保险的重要性……通过现有的客户、客户的客户、有影响力的人、亲朋好友及数不清的其他客源,来延伸我的客户群。

我每年要寄出的贺卡与生日卡,多到可以开个艺术展览会。将心比心让我的客源无所不在,善用此心你也能做得到。

每年圣诞节、伊朗历的新年 Norouz(每年 3 月 20 日或 21 日的春分庆祝,有连续 13 天的假期)、客户的生日,我都会亲自给客户们写卡片。不是用印刷品,绝对是我亲笔写的卡片,诚心诚意祝贺大家佳节快乐。每逢大节日,我平均要写约 2000 封亲笔信。

2009年的伊朗历新年,我亲笔写给客户的贺卡内容如下:

My Dear:

I congratulate you for a new year and I hope and I pray the God not only your family or relatives and all the Iranians with success, happiness, health and prosperity.

My best wishes.

Mehdi Fakharzadeh

亲爱的:

恭贺新的一年好!我向上帝祈求,您与您的亲戚和所有的伊朗人都拥有成功、快乐、健康与繁荣。

献上我最真诚的祝福。

梅第·法克沙戴

为了让潜在客户消除顾虑,轻松与我交谈,我会提到一些我们共同熟悉的朋友的名字,之后就闭上嘴,多聆听,少说话。千万要避免与客户争辩,多问正确的问题,以便找出推销障碍所在。最好每一个问题都引导对方回答:"我已经准备买了。"事前花功夫做好万全准备,积极大胆地行动,将能赢得成交的胜利。

第三篇　坚持

知识就是力量

波斯人有句谚语:"如果你不敢跳入水中,就永远都学不会游泳。"永无止境地追求知识,是我从不间断的目标。包括推销、约见、面谈、服务、人际……总是有学不完的东西,我从未停止过学习。每天努力累积经验,追求新知识,在倾听别人谈话时全神贯注,随时保持警觉性,行动前有足够的思考时间。

我有丰富的保险专业知识让客户信任我,感觉自己买到的是独一无二的保单,拥有独一无二、无微不至的照顾。这些都是从不间断地追求知识、累积知识而来的。

工作就是娱乐

当年我在阿拉斯加工作时,尽管一再遭遇挫折,但我谦虚的学习态度让老板相信:梅第是个人才,认真勤奋地工作,从来不会偷懒,天天乐在其中。

早起的鸟儿有虫吃。主动地早一点开始一天的作业,这一天就会产生更大的效益。拒绝所有对你的主要目标没有帮助的活动,把时间投资于重要的事情上。明天是你有生之年的第一天,请好好规划,分秒都充分运用,你将有意想不到的好绩效。

决不气馁

在我的字典中，没有"失败"两个字。拒绝恐惧，设定明确目标，能产生迈向成功的动力。

1948年，我决定来美国发展。初到美国，我什么都不会，什么都不懂，英文说不好，工作找不到……

我花了三年时间，克服万难，终于跟冰岛美女席格兰结为夫妻。我父亲百分之百拒绝我来美国发展，花了两年时间，我终于说服他。销售保险并不容易，但请不要气馁。保险从业人员最容易放弃。偶有挑战，请不要放弃，决不气馁，能将所有的不可能变成可能。坚持加上毅力，遇挫折别沮丧难过，千万不要气馁，你就会离成功更近了。

问题就是机会，危机就是转机，伟大的工作需要坚忍不拔的意志来成就，绝对不要逃避困难，清楚自己想要的目标，确定能够如何达成。即使遇到挑战，也绝对不要放弃，发挥坚持到底的毅力，肯定能迈向成功之路。

集中注意力，你就能看着别人的羽翼而学会飞翔。

——伊朗谚语

请问您经营保险的成功法则是什么

阅读、倾听、沟通、观察、思考,我时常将这五点,落实在保险事业经营上。

阅读,知识就是力量

书是知识的宝库、智慧的源泉。阅读是累积知识的最佳方式之一,博览群书能让你达到"贫者因书而富,富者因书而贵"的境界。

从小我就非常喜欢读书。在伊朗的成长阶段,我常会利用工作之余,尽量安排时间阅读。到美国留学后,我必须更用功,因为当时英文不好的我在阅读上的确辛苦。但我一边查字典,一边看书,很快解决了阅读上的问题,顺利读完了双硕士的学位。

中国古诗云:"蹉跎莫遣韶光老,人生唯有读书好。"[1] 一间没有书的屋子,正如一个没有窗子的房间。

倾听,发现购买的商机

上帝给每人一个嘴巴和两只耳朵,因此我们倾听的能力应该

---

[1] 出自宋代诗人翁森的《四时读书乐》。

是说话能力的两倍。但人们习惯滔滔不绝，话讲个不停，所以倾听他人说话的能力显得特别重要。

与任何人交谈，我都一定会张大耳朵专心地倾听，点头、微笑加赞美，让客户说得开心尽兴。倾听客户的声音，了解他们的需求，闭上嘴巴并全神贯注。正在说话中的客户，就是帮助你的人。知道问题所在，再给予建议方案，解决问题顺利成交，你离成功推销的距离就更近了。

明尼苏达大学的瑞夫·尼可斯博士，在如何达到倾听的最佳效果上，建议如下：

不要跟别人抢话说

先发制人、急着说话者，是最差劲的听众。应该先听清楚别人在说什么，然后你再开口也不迟。

避免精神涣散

要集中注意力，专心倾听对方在讲什么。还要对话题产生兴趣，设法找到让自己想要继续听下去的理由，别忽略了对方谈话的内容。

决不和对方争辩

赢得辩论却输掉生意，这是最差劲的笨方法。即使对方有某些言论可能与你相反，甚至可能会激怒你，建议你最好不要打断、不要反击、不要心存偏见，要有雅量接受论点和你不一样的人。

勤做笔记，加速记忆

聪明的听众不只是听，还会勤快地做笔记。在演讲或课程中，记笔记有助于提高自己的观察力与敏锐度。笔记能将语言、概念和信息清楚记下，帮助自己了解演讲者讲的内容，避免错过重点。

沟通讨论，获益良多

我非常喜欢参加各种保险研讨会、演讲与课程，我将会议视为好点子的交换场所。每一回我总是会学到新东西，假设我和八个人交换意见，就会获得八个收获。这是很高的投资回报率，每天我都能从中获益。

将学习方法资本化的关键在于，你必须持续不断地参加各种对你有益的会议、演讲课程。当你热诚地参与公司内外的会议、演讲、课程，并与人充分沟通讨论，将学到的东西转化为自己可用的知识时，你必将受益匪浅。

观察入微，直入问题核心

直入问题核心

观察问题要以能直入核心为基础。寿险顾问的问题，在于如

何将保险经营得更有效率；医学家的问题，则在于发现疾病的解决之道。仔细思考你的问题所在，详细记录下来，下次要找出答案时，肯定快速有效率。

敞开心胸，接纳意见

当你在寻求可行的意见时，不要排斥任何意见，尽管接受听来不合正统、与经验相违背或前所未闻的观点很困难，但努力做到将对你大有裨益。

走出自我，客观研究

探讨问题时，很难在瞬间就得到满意解答。你必须跳到问题之外，仔细研究后再回来看之前的问题，此时答案就会比较容易出现。

思考致富

人力资源顾问 J.V. 塞尼对思考的定义为:"思考就是在心里想象或描绘某些东西,一个人成功的程度要视他思考的深度与能力而定。"

人类的思考有意识与潜意识之分。意识一次只能研究一个问题,但在无法解决时,就会将问题先丢在一边。一段时间后,一个解决的方法会忽然跳到意识中。事实上,当意识不再为问题所困扰时,潜意识正在与问题搏斗。一般而言,潜意识花在问题上的时间越长,获得一个有创意的好答案的机会越大。

有效思考的关键在于时间,你必须安排好时间,充分思考,并且好好运用。

其实地上本没有路,走的人多了,也便成了路。

——鲁迅(中国作家)

何谓"新瓶装旧酒"的梅第计划

所谓"新瓶装旧酒"的梅第计划,就是推销一个好概念。具体推销什么概念,可以视情况而定,但我们一定能找到合适的概念,因为保险是每个人都需要的产品。

成功的业务员,随时都能找到推销的好灵感,并将其汇集起来,整理成清单。这些灵感可能来自有效的证据、有说服力的文章或激励性的演说。

多数的业务员认为,他们卖的是产品与服务。其实,越是成功的业务员,卖出的抽象概念就越多。我认为,人们买保险,主要是购买心灵的平静、财务的无忧、意外风险带来的损失最小化和身后财源的保障……客户买的是一个概念。保险是无形商品,找准概念尤其重要。

如果你销售的产品是吸尘器,或是高档的厨房用具,你最好不要将焦点只集中在产品上。假设你销售的产品是吸尘器,那么你实际要卖的是一尘不染的家。让家庭主妇能更快速、轻松地拥有洁净的家,省下更多打扫的时间,这是你的卖点。推销高档的厨房用具也一样,你的卖点应该是:烹调出更好吃的食物,能让家人获得更高质量的三餐;节省烹煮时间,省下煤气及电费。这样的话,家庭主妇自然有兴趣购买。

中国保险大咖欧阳兆标（左后）、马来西亚"教育训练界的老虎伍兹"李炫华（右），深感荣幸能与世界保险大师梅第（中）同台演讲

这里，以推销"延期性补偿金"这一概念为例，我们来看看"新瓶装旧酒"的梅第计划。它的核心，是借助保险工具来帮助雇主激励员工，激发员工的忠诚度和生产力，让员工更长久地留在公司。

在这个方案中，雇主为员工购买寿险（公司是投保人，给付保费并拥有保单；员工是被保险人；身故受益人是公司）。同时，雇主对员工承诺：如果员工从本公司退休，退休后的一定时间内（比如10年），员工依旧可以每月领到薪水；如果员工不幸离世，公司会给其家人提供生活上的保障。

对公司而言，这个方案没有增加额外的支出，只是部分资金以保单现金价值的形式存在。甚至，公司还能赚到钱。

这个方案具体是怎么实施的呢？以我和一位企业主的对话为例：

"霍董，乔现在为您工作，他是个很好的人才，您一定想要留住他，对吗？"我问。

"是的。"霍董答。

"乔今年40岁，在您的公司年薪是2.2万美元。我特别设计了一个保险方案，如果乔不幸去世的话，您可以给他的家人连续发放10年的薪水；如果他退休，退休后他依旧可以拿到现在的薪水，连续拿10年。霍董，我想您一定会同意，因为这么做的话，乔一定会积极回应您，他会更高兴、更卖力地为您做事，不会想着跳槽。"我说。①

"当然，但你的方案可能要花掉我一大笔钱。"霍董答。

"霍董，我会给您一个大惊喜。这么做您不但不花一毛钱，还能赚钱呢！"我说。

我进一步对满脸怀疑与好奇的霍董说明："霍董，现在我们先拨出乔 10 年收入的 2.5% 到 3%，也就是 22 万美元的 2.5% 到 3%。"

"你刚说这个方案不花我一毛钱，现在又要我一年拿出 6000 美元！"霍董不解地问。

"霍董，假如您的公司有两个银行账户，您从一个账户拿出 6000 美元，存到另一个账户，那么，这 6000 美元是被花掉了吗？"我解释道。

"好像没有，这只是转账嘛。"霍董似乎明白了我的意思。

"是的！在我的方案中，您的钱只是转进了大都会人寿保险公司的账户中。这个方案执行的前十二三年，您付出的保费和可借贷金额间的差额，只有两年的保费；到第十四五年之后，您可以拿到的现金贷款就会超过你支付的保费。所以说，投

---

① 梅第爷爷设计的这个保险方案，保额是 22 万美元，年交保费 6000 美元，10 年交清，保险期满的保险金额为 32.461 万美元。此处仅展示思路，具体的演算过程就不展开了。——作者注

入到这个方案中的钱,依旧是公司的资产,只是换了一种存在的形式。"我说。

"万一乔明年就不幸去世了,怎么办?"霍董问。

"最好的办法是,您现在就买下这个保险。因为您只要在第一年支付 6000 美元,明年保险公司就会给您 22 万美元。"我说。

接下来,我仔细跟霍董解释这个方案怎么帮他赚钱:"假设乔在 65 岁时不幸死亡,您一共可以拿到 32.461 万美元,这笔钱完全无须缴纳所得税。接下来的 10 年,您要按照协议,每年给乔的遗孀 2.2 万美元。也就是说,您拿到了 32.461 万美元,总共却只需要支付 22 万美元。此外,给乔的遗孀的这笔钱,还可以抵缴税金,您公司所得税的税率是 50%,所以,您看上去每年支出了 2.2 万美元,实际上却只付出了 1.1 万美元。再有,作为一个企业界人士,您可以拿这 32.461 万美元进行投资,获取 20%、30%、40% 甚至 50% 的利润。"

"听上去好像很不错。"霍董说。

"即便您用最安全、投资回报率最低的投资形式——将 32.461 万美元存在银行,获取 6%(以当年计)的利息,那您每年也可以获取 1.9477 万美元。再扣除您每年实际付给乔的遗孀 1.1 万美元,在这 10 年中,您每年都净赚 8477 美元。"我清楚说明。

"付出的保费,能不能抵缴所得税?"霍董问。

"如果交保费时就抵缴所得税款,等您拿到 32.461 万美元时,您就必须缴税。请问您是选择在 1 美元时缴税,还是选择在 100 美元时缴税呢?"我问。

事实上,我销售的并不只是"延期性补偿金"这个概念,更是让企业主既能赚钱又能节税的企业保险方案,是帮助企业持续经营与留住人才的商业保险方案。这个方案的核心优点是,在不增加公司支出的前提下,给员工更多福利,让员工对公司更有向心力,为公司创造更大的价值,从而实现雇主与员工的双赢。

新人如何开拓客源成交保单

新人总会有这样的疑问:"我的客户在哪里?我没有丰沛的人脉,朋友也都买过保险了,怎么办?"

第一个好方法是:客户转介绍客户。

成功业务员的座右铭是:"准客户永远都是准客户,直到他变成客户为止。成为客户之后,他就是新客户线索的来源中心。"这是运用"客户转介绍客户法"。

你要设法跟您的客户有共同的兴趣,并主动去认识他的客户,让他的客户成为下一个您可能成交的新客户。

第二个好方法是:做完整的拜访记录。

所谓成功,是靠记录而不只是靠记忆。你一定要每天都详细做客户的拜访记录。不论是成功的还是失败的例子,请仔仔细细地记清楚,这些数据肯定让你受益良多。

我会记下与客户没有成交的原因,及未来他可能会对保险感兴趣的时间。绝对不要删除尚未成交客户的数据,请坚持拜访,总有一天会成交的。

第三个好方法是:善用促销的效果。

我会给每一位客户寄送生日和节庆贺卡，且与他的家人保持密切联系，常常关心他们。

我常会请客户为我推荐新名单，在愉快面谈中不时问他：谁是你最好的朋友？谁是你认识的最优秀的人？谁是你觉得最有影响力的人？之后，我会立即将这些名字记下。销售成功的关键在于客源人脉的不断扩张。

正所谓"客户赞美你的一句话，胜过业务员自夸的一百句话"，运用好口碑，让客户群乐意为你口耳相传。再者，时常定时定点地展示，也具有促销的效果。

新人没有丰沛的人脉，没有足够的准客户群，大家都一样。想当年我是一个连英文都说不好的伊朗人，只身来到美国从事保险业时，连一个认识的准客户都没有。然而我秉持着"无惧——天下无难事；坚持——凡事做得到"的原则，如今，我已在保险业快乐地经营54年了。

第四个好方法是：亲自送保单，增加投保机会。

只要时间许可，我一定亲自送保单给客户，而非以邮寄方式送达。一则详细解释保单内容，二则多一次让客户加签第二张保单的机会。

甜美的语调，能够美化刻薄的言语。

——伊朗谚语

如何用故事来提升销售效益

我有个客户是零售地毯连锁店的店长,他曾问我:"梅第,你为什么还要多费唇舌?你卖的东西不就是寿险保单吗?我以前就知道。一样的东西,你为什么要说这么多话,解释得如此详细?"

"看看你周围的建筑物,房子、车库、公寓、高楼大厦、仓库……都是由水泥、钢铁、瓷砖所组成的东西。所有的建筑都有这些材料和成分,但是为什么有些建筑大楼质量就比较好?因为在结构、规划、用材与设计上,它们都特别高质量。"在销售的过程中,我会使用生动活泼的话语,运用耳熟能详的典故,让双方聊得更投机。

无论你推销的产品是什么,都要使它普及并受欢迎,要相信自己从事的是一份高水平的事业。例如,在与客户面谈保险时,我对做父母的,会以强调孩童教育问题为基础,然后强调保险在意外、疾病与死亡事件等方面,对家庭保障的重要性,保险能将你的钱变多,是良好的投资储蓄,可备不时之需。

一本又一本密密麻麻的客户资料，堆叠出梅第销售冠军的荣耀

说好听的故事，是一种好的营销方式。要向寓言家伊索①学习，他是最伟大的推销员之一。伊索的寓言故事多么动听，你记得几个呢？伊索推销过很多概念，他从不以生硬的方式来表达，而是以好听的故事来诠释抽象概念，使之变得生动。请问有谁不喜欢听故事呢？

客户需要他们所能理解的概念，你必须尽可能说他们知道及能听懂的话。千万不要对客户滔滔不绝，讲些晦涩难懂的抽象概念，不然效果肯定大打折扣。

我会以浅显易懂的比较法，向客户解释价值的概念。"汤姆，假设你一天花1.6美元买两包烟，一年总计584美元。今年35岁的你若能省下烟钱，以同样的金额，你可以投保10万美元的保额。抽烟对身体无益，但拥有保险的保障，你的人生将更有价值。"此种说法会让汤姆清楚，原来一年要花掉584美元的烟钱，真是可怕的开销。假如将这笔钱投资在保险上，那么人生将立即变得更好。

适时以说故事的方式来跟客户沟通，亲切有礼的表达将能帮助你更快地赢得胜利。

你的顾客越富有，他的需求就越多。

——伊朗谚语

---

① 伊索：古希腊著名寓言家，其作品《伊索寓言》深受世人欢迎。《狐狸与葡萄》《农夫与蛇》《龟兔赛跑》《狼来了》等脍炙人口的故事，皆出自伊索之手。

在推销尾声要如何顺利成交

从前有人游泳穿越密歇根湖，就在快要抵达终点前，却淹死在距离岸边 10 英尺（约 3.05 米）处。功亏一篑，显得很可惜。

以此例我想说明，推销的尾声是整个推销过程中最重要的一步。许多业务员之前非常努力，但在最后的紧要关头却失败了，主要是他们不敢开口要订单。成交的关键在于，大胆地提议与开口成交。

多年前，在汽车制造商亨利·福特一世的办公室中，一名保险业务员与福特成交了一张 100 万美元保额的保单。

福特的朋友也从事保险业，得知此事后问他："福特，你真不够意思，为什么不跟我买保险？"

"因为你从来没有开口啊。"福特答。

这是一句多么发人深省的话。虽然你是福特的朋友，但从没有开口提起保险的事，福特当然会跟向他推销保险的人买保险。其实，不少寿险顾问身上都曾发生过这样令人扼腕的事情。正所谓客户就在你身边，能否成交只在于你是否勇于向他开口谈保险。

在销售进行到尾声时，我们要将可能的阻碍转化为成交。举例来说，有一次我向弗雷德·杰克逊解释退休年金保险计划。他是纽约州的化学工程师，我们相谈甚欢，之后我开始做出结论："弗雷德，大都会人寿保险公司会在你到达退休年纪后，每年付给你 1.8 万美元；如果在那之前有任何意外发生，你老婆将得到 110 万美元，而你每年只需要交纳 4000 美元的保费。"

"梅第，这听起来很吸引人。"他若有所思地说。

此刻我拿出保单申请书，并问弗雷德："你最近搭过飞机吗？"

"梅第，我觉得这个计划不错，但感觉保费太高，似乎已经超出我能负担的范围。"他犹豫地说。

"弗雷德，随着年纪的增加，你的开销也会增多。目前你的健康状况良好，才可能获得这么优惠的费率。再过一年、两年、三年、五年，你要交的保费就更高了。因保费率会随着年纪增加而变高，平均每年往上提高三个百分点。以你现在的纳税费率来看，你必须每年加薪 6% 才划得来。"我解释。

"这些我都知道，但保费还是太高了。"他答。

"好吧，弗雷德，你想清楚，我们现在谈的是每年 4000 美元，也就是每个月 330 美元，或者说是每天 11 美元。你觉得无法负担每天 11 美元的开销，是吗？如果有另一个计划，你一天只要支付 1 美元，你就能接受，是吗？"我再次说明。

"是的，那没有问题。"他说。

"请教你一些问题。你抽烟吗？你花多少钱来买烟丝？平均一天 1 美元吗？"我请教他。

"差不多，我抽烟斗。"他说。

"你坐地铁上班吗？假如是的，每天来回要花你 1 美元。如果政府决定提高价格，单程就要 75 美分或 1 美元，请问你负担得起吗？"我问。

"负担不起也得付，总得搭地铁去上班啊！"他说。

"很好，弗雷德，让我们想想看，你可以轻而易举地一天省下 1 美元，甚至是 2 美元或 3 美元，对吗？假设你每天省下 3 美元，再加上节省在交通与烟丝上的花费，也许你一天就能省下 5 美元到 6 美元。"我问他。

"听起来好像很容易。"他答。

"我们保守估计，你一天可以省下 5 美元，那么一年就可以省下 1800 多美元。你一年只需要把省下的 1800 多美元用来交保费，在你退休时，大都会人寿保险公司一年会支付你将近 8000 美元。我相信你一定会同意，这是个很棒的保险计划。"

我分析说。

"嗯，听起来是很好，但我还是要再考虑考虑。"他说。

客户总是会有一堆借口，对销售而言，这意味着买卖即将成交。我认定一切已经成交，所以会一边响应客户的借口，一边已经将投保单填妥："请问你在哪里出生？"

"匹兹堡。"他答得很干脆。

"我们先将投保单填好，请你再好好考虑。核保需要时间，填好后你还有足够时间仔细想清楚，这是一个重要的决定。你现在马上投保，在保费费率上绝对是占优势的，因为你现在的身体健康状况最好，谁知道几个月后会发生什么事呢？这张投保单通过后，我会通知你，到时我们再仔细地逐一将计划内容看一遍好吗？"我说。

"好的。"他答。

不论客户在销售尾声提出什么问题或借口，请记得拿出投保单来，边回答他的问题边为他填写基本数据。你是引导客户成交的关键，而不是被他牵着鼻子走的三流业务员。

玉米是从玉米种子发芽而来的，大麦也是一样的道理。怎么栽，你就能怎么收。

——伊朗谚语

您如何有效安排一天的作息

时间管理成功的关键在于，明确地设定目标和具体有效地达成目标。

我每一天的行程都是经过规划的，每周、每月、每年的销售目标也是如此。在每年的一月，我就设定整年的短、中、长期目标。

通常，我一定会比预定计划时间提早达成目标，但我不会因此沾沾自喜，或者放松。相反，我会再设定更大的目标、更高的业绩量与销售额。

我每天凌晨 4 点半起床，先虔诚祈祷后，再做半小时暖身操，接着自己准备营养美味的早餐，换上整齐的西装，自己开车前往办公室。早上 7 点前，我已在明亮的办公室，快乐地展开美好的一天的工作。

早上 7 点，很多人可能刚起床，甚至还在温暖的被窝中赖床，而我早已开始工作。套句谚语来说就是："早起的鸟儿有虫吃。"如此，每天我就比别人多出 2 小时的工作时间，以一周工作 5 天来计算，一年我就比其他人多出 500 多小时的工作时间。

87岁高龄的梅第耳聪目明，经常开车四处服务客户

第三篇 坚持

从上午 9 点到下午 5 点之间，是与客户见面的黄金时段，尽量安排与客户面谈，包括拜访新客户与服务老客户。我常自己开车去拜访及服务客户，偶尔等红灯时，旁边车辆的驾驶员还会摇下车窗跟我说"哈啰"。他大概心想，这个老爷爷年纪那么大了，还亲自开车，真有趣。

下午 5 点后，如果没有特别事项，我会回到办公室，将一些次要的行政工作交给行政助理、秘书处理。我一般在 7 点多返家，与亲爱的家人共进晚餐，享受幸福快乐的家庭生活，晚上 10 点前就寝。

请你一定要设定明确的目标和翔实的年度计划，以严谨的方式达到最好的绩效，并且将注意力专注于你所设定的大大小小的目标上，更要排除与目标无关的琐碎杂事，让每一分钟都能发挥最大效益。

上帝为每一只鸟准备食物，但不会直接把食物放在鸟巢里。

——伊朗谚语

如何确定明确目标与时间规划

不少人只为一整年中 3 周的假期做计划,但很少替其他 49 周的工作规划,所以你必须时时刻刻将明确的工作与事业目标摆在第一位。

我的做法是:

- 删除和目标无关的活动以节省时间。

- 将工作事项区分为四类:重要而紧急、重要而不紧急、不重要而紧急、不重要也不紧急。

先处理重要而紧急的事项,删除和目标无关的活动。如果有某项工作会花费太多时间,尽量从其他地方挪出一半的时间来完成。与任何人谈话时,精简重点,减少废话。许多人的时间都浪费在既无重点又无绩效的聊天八卦上,工作行事历要记清楚。我从来不会把时间浪费在任何没有意义的事情上,并随时反省检讨这是不是一个优先考虑的计划。

- 预先做好规划。

花 1 小时事先做规划,就能省下 5 小时的运行时间。我每天都会先在日历上规划第二天的行程,依重要性将所有工作一一列明,再依此顺序逐一完成。

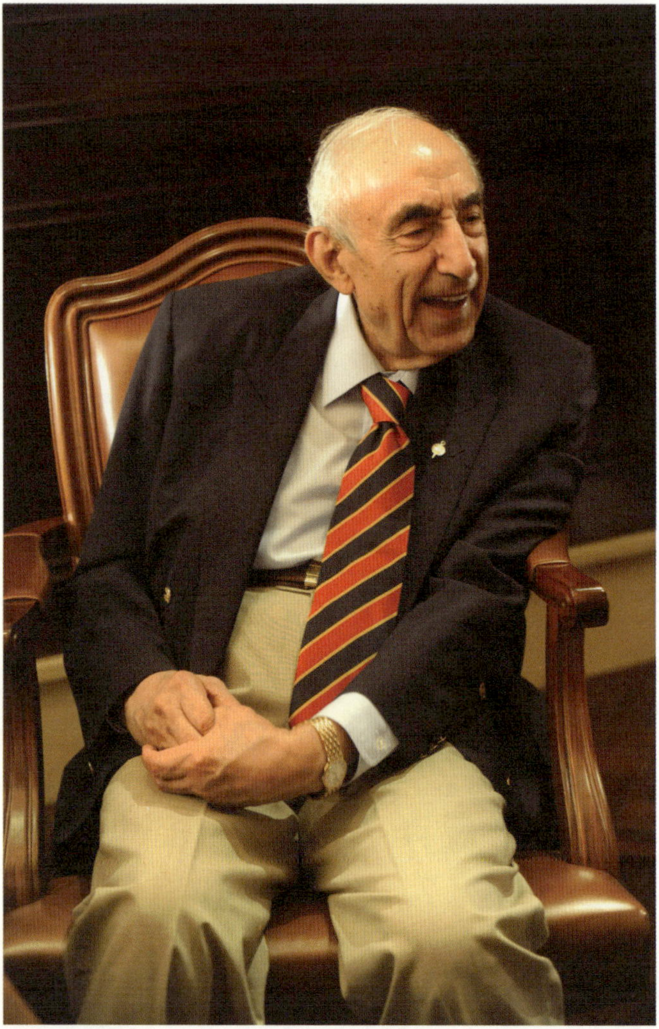

・有始有终，不要半途而废。

同一时间专心做好一件事，并尽量一次将它完成。举例来说，在读完一封信后，我会立即回信，不会看完信后将信搁置一旁又开始忙别的事，心里又想着等会儿要记得回信，如此容易分心，且耽误时间。因为每一回你重拾之前没有完成的工作，就必须花上两倍的时间重新开始或回忆，浪费原地踏步的光阴。

匆忙的收尾，加上不断拖延的最后期限，累积的结果会把你的工作搞得一团糟，要避免白费力气。就像高尔夫球赛中的选手，用力挥杆击球 500 米后，却在该轻轻敲球入洞的果岭[①]上，将球推出 500 米外，一切就白费力气了。

・选择性记忆，遗忘芝麻小事。

绝佳的记忆力对工作有极大的帮助，要将这份心力花在有用、有效益的人和事物上。将一天的约会行程及数据清楚地记在行事历上，让最有价值的头脑保持清新，将能达到更高成效。千万别在无意义的芝麻小事上打转，更别让那些无意义的问题一直困扰着你。

越是显而易见的东西，越是难以掌握。

——伊朗谚语

[①] 果岭：高尔夫运动中的一个术语，是指球洞所在的草坪，果岭的草短、平滑，有助于推球。

如何从有限的时间中，增加与客户面谈的机会

上帝对每个人都很公平，给大家都是一天 24 小时。成功的人懂得掌握分秒，做最有效益的事，但多数人却整天高喊忙忙忙，时间不够用。只要你懂得爱惜光阴，还是有许多能节省时间的好方法的。

熟知客户的作息时间

如果客户每天工作的第一个小时，是用来开会或处理行政事务的，那么这段时间就不适合去拜访他，因为他没空接见任何业务员。要清楚各行各业客户作息时间的计划表。举例来说，一般客户在星期一总是会比较忙碌，因为可能有些重要会议要开。

还要了解行业各自不同的特性，我不会在雨天拜访从事建筑工作的客户；不会在中午及晚上生意最忙的时候，去拜访开餐馆的客户；在 1 月时去拜访圣诞节饰品制造商，而不是选在 12 月他们生意最忙碌时，不然，就算你专程去拜访，当时客户也正在忙，不会有好心情，更没有时间听你谈保险，那你就白白浪费时间，空跑一趟了。

当你让自己的时间和客户的工作形态相配合后，就能减少空等待、白跑的时间。

以电访省去徒劳无功的拜访

每次拜访客户前，我都会事先约好时间。在要去拜访他的前一天及当天，我都会再谨慎地以电话跟对方确认，以免约会被临时取消，自己白跑一趟。

备好替代方案

正所谓计划远赶不上变化，客户有时难免会因事而临时取消跟我们的约会，不过并非每个人都会记得事先通知你。这样的话，我们可能无法精确地安排一天跟客户面谈的时间。在本来排定的约会被临时取消时，没有替代方案的业务员就只好感叹：怎么会这样？真是徒劳无功的一天。

请随时准备好替代方案。假设A君临时取消约会，我可以去拜访潜在客户B君或C君，或者可以在办公室里处理行政事项，或者打电话服务客户。如此，时间就不会因客户临时取消约会而被白白浪费掉。

讲重点，别啰唆

在和客户对谈时，请永远只说重点。要做到说的每一句话都有意义，其余的废话绝不多说，如同经验丰富的律师都会警告证人，反诘问的时候针对问题进行回答就好，不要多说话。你只要适当提出问题，在迅速而完整地回答客户问题后，请立即住嘴，微笑专注地看着对方。千万不要急着滔滔不绝地

抢话说，很多业务员的失败都是因为多嘴啰唆，东拉西扯，话说不停。你要倾听客户的意见，而不是滔滔不绝地演讲。

减少在办公室内的时间

业绩突出的业务员是勤于拜访的人，绝对不是整天坐在办公室里忙着琐碎杂事的人。尽可能把办公室的行政工作交给助理和秘书。你的业绩要更好，代表你要有更多的时间走出办公室，去见客户、做推销、谈保险、成交保险。

不敢跳入水中的小孩，永远学不会游泳。

——伊朗谚语

请问您如何有效地做好时间管理

"明天，永远是有生之年的第一天。"这是我的座右铭。

试想，每天你有多少时间不是花在与拜访客户、推销保险相关的活动上？你工作有多努力并不代表你的绩效就有多好，努力工作并不是成功唯一的重点，重要的是你做得有多好。

假如你天天都很努力地拜访客户，但前天跑了很远却没见到A君，昨天又没有跟B君聊到保险，今天又浪费许多车程到C君家……你也许会双手一摊，苦笑说："天啊，我这么努力工作，为什么没绩效？"

你必须好好规划一天的作业时间，来增加跟客户面谈、推销保险的时间。从现在起试试看，明天早上你不要先进办公室，而是直接出门去拜访客户，签下一张保单后再进办公室，你一定感觉特别兴奋。

假如你习惯下午5点多回到办公室，请不要老是做些没有生产力更没有绩效的琐碎小事。与其跟同事聊天，或跟朋友在电话中聊八卦，何不换个更有生产力的做法？请拿起电话，立即拨号打给5到10个准客户，敲定推销保险的约会时间。如此，你就能利用这点时间，马上增加和5到10个客户面对面谈话的宝贵机会。

增加 1 到 2 小时的工作时间，缩短与两个不同客户约会间的赶路时间，别在办公室中磨蹭，删除没有必要的二度拜访，不要在工作时间内处理私事，避免过长的用餐时间，减少喝咖啡的时间……这些都能在有限的时间中，再挪出些宝贵的时间，供你做有效益的正事。

举例来说，对一个年薪 2 万美元的业务员而言，如果一天省半小时，一年下来，他就获得了可以赚 1250 美元的时间。这样换算之后才发现，喝咖啡的休闲时间还真是昂贵。

一天几分钟的时间，累积之后，就等于一年多赚不少钱。举例来说，假设一个业务员一星期工作 40 小时，年薪 2 万美元，折算一下，每小时的工作报酬是 9.6 美元。如果他可以每天多花 1 小时与客户进行面对面的推销工作，他每天就能多赚 9.6 美元。

你要当时间的主人，别让时间驾驭你。要做好时间管理，请先设定你的长期目标，如此就能凡事都在掌握中。时间管理是用来对付低效率的最佳手段。

有效率和生产力的成功业务员，并非将所有的时间与精力都只投入在工作与事业上，而是更注重全方位均衡的生活，包括要有足够的睡眠时间，均衡的饮食，适量运动保持健康，与家人和睦相处，有适度放松休闲的时间，而不是随时像上紧发条的闹钟一样神经紧绷。

当然，也要有充分的用于事前准备工作的时间。如此，才能在客户面前有称职的表现，确保你向客户面对面推销时有更好的效果。

养成记录和档案管理的好习惯，能产生事半功倍的良效。我会清楚记录每一位客户的详细资料，亲笔写下相关数据，并分门别类，妥善管理。每一份客户资料，都是一笔资产。

青涩的少年在成熟前，需要经历更多的考验。
————伊朗谚语

如何善用"黄金销售时间"

电视播出的"黄金时间"所能吸引的观众最多,广告报酬率最高。成功的业务员同样也有"黄金销售时间",大约是上午9点至11点45分,下午2点至6点,这是应特别审慎投资的时间。

一般一天的工作时间为8小时,不论你如何分配,其实你的黄金销售时间一天顶多也只有六七个小时。顶尖的业务员,会将最重要的黄金销售时间用于与客户面谈。在黄金销售时间,你和潜在客户面对面销售的时间越长,业绩就会越好,反之,见面时间越少,业绩自然越差,所以善用黄金销售时间相当重要。

文书处理、事前准备工作、安排约会、拟定问题……这些都是次要的,宜安排在黄金销售时间之外的空档。黄金销售时间的重点,就是拜访客户、面谈、推销商品、达成交易。

如果你的客户是夫妻,你的销售时间会受到更大的限制。比方说,只有在晚上7点到9点之间,你才能同时拜访到两人;你还要千万小心,避免在晚餐时间打扰他们。当你开始推销高额保单时会发现,高级主管和企业主在上班时间内一定有许多繁忙的公事,你们的面谈肯定常被打断。所以,建议你和这类客户约在上班前或下班后见面。

世界上有三样东西，一旦错失就无法复得。第一是酒店前一晚没有人住的空房间，第二是起飞后没有人乘坐的机位，第三是因无所事事而白白浪费掉的时间。

上帝很公平，给每个人的时间都是一天 24 小时。是否充分掌握时间，将其投资在最有效益的事项上，决定了成就的高低。如果你一天能省下 1 小时的时间，一年就能为自己多创造出 365 小时的新时间。在每周工作 40 小时的情况下，就多出 9 周的工作时间。这会让你比别人工作得更有效率，产生更高的绩效，获得更多的成就。

再则，一般人都以为延长工作时间、拼命加班就能更成功。其实这个观念不一定正确，强化工作绩效才是时间管理的重点，而不要只侧重于将上班时间拉长。假设你的身体已经疲惫，精神不好，效率不佳，延长工作时间反而事倍功半。我的建议是你应该比别人每天提早 1 小时开工，早上头脑最清醒，不易受外界干扰，做事效率特别高。专家指出，早上 1 小时的工作效率可抵过下午的 3 小时。

想要有比别人更高的绩效，关键在于：确定自己是否在黄金时间内，从事重要又有生产性的工作。精于时间管理，一定能提高生产力。

时间就是生命，时间就是金钱。

——富兰克林（美国科学家）

如何善用零碎时间创造业绩

很多年前,我应邀到纽约州北部演讲,主办单位给我的演讲题目是:时间管理。大概是忙忘了,我以为演讲是上午,所以我在研讨会的前一天下午就搭机抵达。晚餐时,演讲的主办人约翰告诉我:"梅第,你明天下午1点半进行演讲。"

"明天下午1点半?那我来早了,我可以明天早上到的。不过既来之,则安之,可要好好利用时间,提早抵达会场听其他演讲。"研讨会上午11点半开始,我固定每天凌晨4点半起床,所以还有几小时可以工作。我请教约翰:"你认识哪位公司老板吗?"

"当然认识。梅第,你为什么问这个?"他不解地问。

"带我去见他。"我直截了当地说。

"没问题。几年前我与杰克·法兰西斯成交了一张10万美元的保单。他经营一家小型的电子公司,之后我就没能耐请他再加保任何保险了。他或许会有兴趣见你,但你不可能让他再加买什么保险的……"约翰喃喃地说。

在早餐时间,约翰打电话约杰克·法兰西斯和我们见面,对方勉为其难地答应。我与他分享了一份重要员工的福利计

梅第经营保险的名言：我的"字典"里没有"退休"两个字

第三篇 坚持

划——企业退休年金计划，借此能妥善照顾他公司的重要员工……

我们相谈甚欢，杰克·法兰西斯点头说，这真是一个很棒的计划。当天下午，在我站上演讲台之前，我已经成功签下一张 150 万美元保额的保单。约翰直说，梅第你真是太不可思议了。

我随时都会将零碎时间变成生产效率非常高的时间。因为我没有浪费早餐后到上午 11 点半演讲会开始之间这短短的两三个小时，而且夸张的是，杰克·法兰西斯与我才第一次见面。这一笔早餐后的交易，成交了 150 万美元的保单。可见，零碎时间足以成就伟大事业。

如果说时间是最宝贵的东西，那么浪费时间就是最大的挥霍。
——富兰克林（美国科学家）

如何让工作清单立大功

在美国南北战争后，钢铁制造商查尔斯·施瓦布①以2.5万美元的顾问费聘请的顾问界先锋艾维·李②，提供给他一个很棒的管理方法："建议在每天睡觉前，写下第二天工作计划的列表，要依重要顺序排列，而不是以工作的难度排列，由写工作清单做起。"

百年后，我们仍在继续使用这个重要的方法——由清单做起。如果你平常没有做工作清单的好习惯，肯定不会了解这有多么重要。

纽约州林肯木材公司前总裁及最佳业务员理查德·卡斯丁曾说："每天晚上我会列出十项最重要的事，但在第二天我会列一张新的清单，将前一天晚上决定的事情的先后做一定案。我发现所谓的重要事项会改变。今天你认为最重要的事，第二天可能会改变。如果我发现某位经理的表现失常，十之八九是因他（她）没有事先列下工作清单。"

工作清单在管理销售时间上，类似于橄榄球赛中阻挡、擒球、

---

① 查尔斯·施瓦布：20世纪初，与卡内基、摩根齐名的钢铁大王，世界第二大钢铁公司伯利恒钢铁公司创始人。
② 艾维·李：美国记者，公共关系职业的创始人之一，被称为"现代公共关系之父"。

冲刺战略一样基本，但所有的教练还是时刻提醒队员们，要重视这些最基本的技巧。

你如何记录所有的工作事项，并在最短的时间内逐一完成，这就是决胜的关键。举例来说，纽约麦司特媒体公司的前总裁苏珊·司特伯格会在一天工作结束前，拿起手边的废纸，将第二天的工作计划列下来。晚上回家后，她会再将稍后想起来的事项加上去。第二天，她会和助理一起讨论所有当天必须完成的事务。她说："我不会忘记清单的重要性，而且每天都一定要写一张。"

有位零售商经理告诉我，他有不同的利用工作清单的做法："我学会划分快速任务及慢速任务的技巧之后，才知道如何做计划。现在我会做快速计划，包括在琐碎的时间里做快速的决定、分派任务等。至于慢速任务，像拟定报告、研究复杂的生意计划，则是利用好几个小时来处理。利用这些时段，我能在工作上达到更快的速度。"

每分钟 60 秒，每小时 60 分钟，每天 24 小时。时间，对任何人而言都一样，没有折扣，没有优惠，也没有通货膨胀。然而，有效的时间管理，能让你每天至少多出 1 小时以上的黄金销售时间，问题是：你善加利用多出来的时间了吗？大部分的业务员，不仅没有多出一桶"黄金时间"，还拥有好几桶"废弃时间"。

增加销售时间，等于更多业绩，等于更多收入。你要比别人更成功，赚更多的钱，请把握这个简单的原则。

时间管理的经典法则，在于有效地详列工作清单，将事情依轻重缓急列出来，再规划每件事情所需的时间。若你的记事本上有时刻栏，会更有帮助。请为每一个应完成的目标立下时限，再循序完成。

重要的观念是：你的任务不是在短期内急着完成很多事项，而是要在有限的时间内，完成你所选择的重要事项。建议如下：

仔细详列工作清单

如果你没有列工作清单，事情总是无法达成。当然，并不是只要列清单，凡事就能如期完成，但只要出现在工作清单上，每件事就增加了完成的可能。

决定事情的轻重缓急

今天预计要完成的事情中，有哪件事情最重要？哪些事情次重要？哪些事情较紧急？哪些是可以慢些处理的？请依照重要性的顺序，将事项列下来，再逐条完成，而不是依照完成事情的难易度列明。

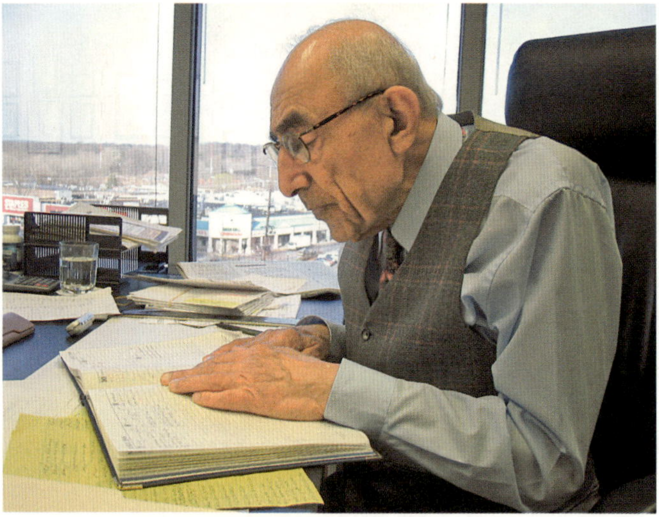

从最重要而紧急的事做起

重要性列第一的事情先做，再完成第二、第三重要的事情。你将发现一天的工作绩效很高，事情会变得更得心应手。

别受干扰

别让不相关的人或事物，打断你正在进行的重要工作事项。

一个时段，请专心做好一件事

活在当下，一个时段专心做好一件事。一定要将某件事情完全处理好后，再接着处理下一件。多数人会在同一时间内，急于分心处理好几件事情，结果往往适得其反。因为事情都只做一半等于没做，反而浪费更多时间，徒劳而无功。

时间是最珍贵的资源，除非你能好好管理时间，否则你无法管理任何事情。

——彼得·德鲁克（美国管理学之父）

您快乐工作的三大原则是什么

"做适合自己的工作,快乐地工作,追求工作上的成就。"这是我数十年来,快乐工作、享受人生的三大原则。

快乐地工作,享受工作的快乐。我的快乐就是和人们在一起,成为一个顶尖保险业务员。这是我在进入大都会人寿保险公司时设定的目标,一直到现在,我依然奉行快乐工作的三大原则。

有句谚语说:"以热诚对待工作,如果您无法享受工作,反而痛恨它,那您应该辞职,坐在庙宇门口,等待热爱工作者对您施舍。"

一般人为了生计,不得不从事自己不喜欢的工作,上班等下班,星期一等周末放假,月初等月底发工资……不少人厌恶自己的工作,所以心情不佳,工作效率当然不高,收入也不高,重要的是工作也不快乐。

我在犹他州念书时,当时的室友拉森建议我找份暑期工作,我认为打工会伤害我的自尊心。之后,我找到一份建筑工地的差事,每天除了挖土、挖土,还是挖土。第一天工作完毕,我实在累昏了,差点要被抬回家。但我不甘心自己这么轻易被打败,所以又尝试当码头工人、烘焙师助理、建筑工地跑腿工、夜间警卫等。

第二年夏天，我在阿拉斯加海鲜餐厅当服务生。经验老到的侍者一次可以端四五个盘子，而我这个生手一次只能端一个。老板摇摇头问我："你知道怎么操作打蜡机吗？"

"知道。"我这样回答，但其实从来没使用过。我将这个有圆形刷子的巨大机器推了出来，打开电源，轰的一声，我整个人被举起，在餐厅里面转来转去、甩来甩去，真是糗！这些我没从事过的工作，在当时的确带给我些微挑战，或许同事和老板也奇怪："梅第这个人怎么老是笨手笨脚的，什么事都做不好？"

我以波斯谚语自勉："烦恼会不请自来，但是快乐要靠自己制造。"

我将工作当成一件快乐的事。比如我在阿拉斯加海鲜餐厅工作时，当老板不注意时，同事们不是在浑水摸鱼，就是在发牢骚。我可就不一样了，我对于每一项工作都会热切地去学，努力地去做。结果，我所赚的钱是最多的，当然，我也是最受老板肯定的。别忘了，曾经在资深员工和老板眼里，菜鸟梅第是最不可能成功的人。

常有人问我："梅第，你是不是工作狂啊？"

我的答案是："我不是工作狂，我是在做适合自己的工作，快乐地工作，追求工作上的成就，享受美好的人生。"

当你喜欢的工作已经成为你生活中的一种乐趣，许多意想不到的好结果将会纷纷出现。"我热爱我的工作。"当你常如此说时，快乐工作已近在眼前。当你喜欢上你的工作时，烦恼和忧愁便会不翼而飞，时间也不成问题。

54年前，初踏入保险界的我期许："我的快乐就是和人们在一起，成为一个顶尖保险业务员。"时光飞逝，54年后的今天，我还是始终如一地强调：我热爱保险事业，乐于在保险业工作。

真正的快乐，是对生活乐观，对工作感到愉快，对事业感到兴奋。

——爱因斯坦（美国物理学家）

第四篇

超越

如何销售"黄金未来"

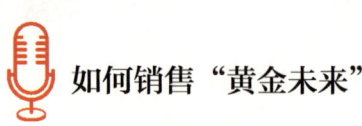

我是一位很骄傲的祖父,因为我的孙子丹尼尔,提供给我一个很棒的销售灵感——"黄金未来"。

我有九个孙子孙女,在他们出生时,我就为他们规划并投保了 100 万美元保额的终身寿险。这是我送给九个孙子孙女非常有意义与价值的礼物。

以 0 岁男孩一年的保费是 3420 美元计算,如果每年的红利不变,10 年我需支付 3.42 万美元,之后则不需要再交费。结合社会福利制度,并以大多数人会选择的在 65 岁退休计算,当我的孙子 65 岁时,会有超过 160 万美元保额的保险,而保单的现金价值也超过 100 万美元。

按照"黄金未来"的规划,被保险人在退休后可以每年领回 8 万美元,领一辈子。

"黄金未来"不只是在被保险人死后提供理赔金,而是为他们的将来做最好的规划。假设被保险人在 65 岁前不幸去世,受益人会获得理赔,但这并非"黄金未来"的主要目的。"黄金未来"最大的价值在于:只要投资 3.42 万美元的保费,我的孙子孙女在 65 岁时就会成为百万富翁,这就是保险的价值。

我曾与精明的会计师分享"黄金未来"的规划，他直说不可思议，这怎么可能？不过并非每个人都适合投保，因为投保人（通常为祖父母）本身的保额，必须是孙子孙女保额的两倍以上。这是纽约州的法律对抚养子女所能购买的保额的明文规定。

这是个令人印象深刻的销售点子，从那时起，我积极地与有子女的父母，或刚成为祖父母的人，详细介绍我替孙子孙女规划的"黄金未来"保单，它能让望子成龙、望女成凤的你美梦成真。一般客户在听完后，十之八九会问："听起来很不错，我也要为子女（或孙子孙女）投资这项计划……"

我与客户分享的"黄金未来"是资产规划的一部分，是赠与孙子孙女的一种保险。

"黄金未来"规划的好处，主要是让客户明白：子女、孙子孙女，都是我们这一辈子幸福、成就的来源，应该趁早借由保险为他们规划稳当的经济基础。此种保单具有税赋递延的功能，亦可在紧急状况中应急。你可在没有赠与税、遗产税、隔代课税的顾虑下，每年赠与1万美元给每位孙子孙女（子女），你和配偶加起来可赠与2万美元。这些赠与可减少你的资产，降低你的遗产税额。

您如何看待百年金融大海啸

"无惧——天下无难事,坚持——凡事做得到。"我以此语和你共勉。

"保险是最好的投资。"在这场金融大海啸中,有许多客户就是靠保单质押、房贷保险给付才免于破产的危机的。

2008年7月,房地美、房利美轰然倒塌;9月,雷曼兄弟宣告破产、AIG集团告急……美国的金融机构就像骨牌一样应声倒下。

历经金融大海啸的冲击,我更确信:保险,是世界上最好的投资。

相信全世界的保险从业人员,都会认同这句话。尤其是保障型、储蓄型保险,在这场金融大海啸中所发挥的积极作用超乎想象,在美国更是如此。美国人普遍信用透支,没有储蓄的习惯,因此,提供家庭财务保障与强迫储蓄功能的保险,此时更能发挥重要功能。

美国保险业龙头AIG濒临破产,让众多客户惶惶不安,许多保险业务员面临保单销售难度大增的挑战。而我的保单销售业绩不减反增,许多客户纷纷请我为他加保。因为美国经济

第四篇 超越

不景气，企业裁员减薪，大家都不看好保险市场，不少保险同业阵亡了。当市场竞争大幅减弱时，我的业绩自然会增长。

从另外一个角度来看，民众投资在股市的钱惨赔，房地产也赔得惨，银行利息更低，多数人会选择将钱放在保险公司，既安全，又保值。所以我的客户们当然会聪明地选择再加保，或主动来投保，我的业绩自然会更高。

我除了拥有高额保险，也有几处房地产，股票比重较低，所以 2008 年股灾对我个人几乎没有影响。因为我对保险以外的任何投资都非常小心谨慎，决不从事高杠杆操作，我给客户们的建议也是如此。走过世界大战、经济危机、石油危机、亚洲金融风暴、全世界金融大海啸，我深信美国会很快复苏，全世界经济也会从不景气的现状中逐渐回升。

梯子的顶端和你之间，只有一样东西相隔，而这就是梯子本身。

——*伊朗谚语*

请问您在服务上有什么独特做法

助人为快乐之本，不求任何回报。

多年前，我曾接到一件"孤儿保单"①的理赔案件。客户约翰曾投保不同保险公司的多份人寿保险，后因心脏病发而导致行动不便。依据保单上的条款，约翰在确诊6个月后，便不需要再交任何保费。公司请我前去处理他的理赔，我立即亲自去拜访他。

当我很快出现在约翰面前时，他感到非常惊讶，几乎是以惊喜的口吻说："很开心你来了，因为以前的保险经纪人从没有来看过我。"

我笑称这是我应该做的，能为您服务是我的荣幸，随即替他填好申请给付保险理赔的表格。约翰说他还有另外两家保险公司的几份保单，请我帮忙看看。

我仔细看过这些保单，一样可以申请保险理赔。于是请他签下授权书，由我帮他向其他两家保险公司接洽保险理赔事宜。不久后，我妥善处理好约翰的保险理赔，并将几张保险理赔支票双手交给他。

---

① 孤儿保单：因为原销售人员离职而需要安排人员跟进服务的保单。

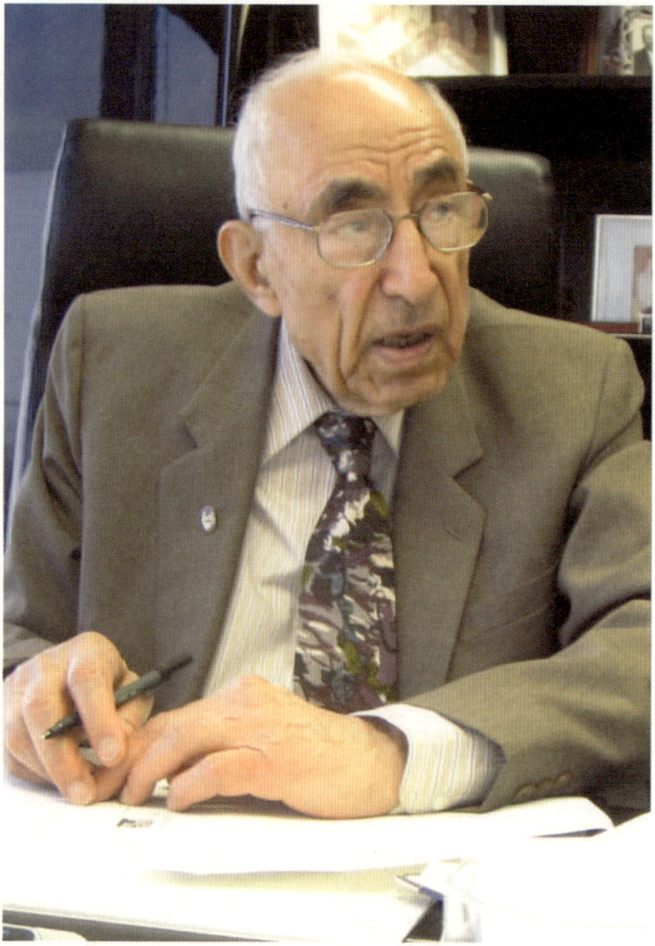

约翰非常高兴地拿出一沓现金问："梅第，我要付你多少钱呢？"

"不用，您太客气了。这是我分内应该做的事，能为您服务是我的荣幸。"我说。

"你确实为我做了很多，你没有义务帮我检查其他保单。不然请给我你的地址，我送你几瓶好喝的威士忌酒。你喝哪个牌子的呀？"约翰问。

我很礼貌地告诉约翰，我不喝酒，我是真心诚意为他服务的。

"那怎么行？你既不拿钱，也不让我送酒，这样我会很过意不去的。"约翰说。

"真是太感谢您了。如果您方便的话，请给我一份可能对保险感兴趣的朋友的名单吧。"我请他推荐新客户名单。

几天后，我收到约翰寄来的一封信，信上详列了21个客户的地址和电话号码。同时写有他们的妻子与小孩的名字及大概年龄。更令人开心的是，约翰答应帮忙向名单上的每一个人推荐我。当然，约翰亲自为我推荐的这21个朋友，日后都陆续成为我的客户，包括他们的妻子与小孩。

我深信伊朗谚语："上帝会回报那些无私地帮助他人的人。"

在对约翰的服务上，我只是善尽一位寿险顾问应尽的义务。

我接到消息后,没有怠慢,立即前往,仔细周到地为他填表申请理赔,再亲切细心地为他检查其他保单,接着帮他办理其他保险公司的理赔,以最快的速度亲自送上理赔支票。

约翰因为我快速的行动,亲切有礼的服务,加上婉谢他要送我现金与礼物,一直说"能为您服务,是我的荣幸",而很高兴地列出 21 个朋友的名单给我,当作是感谢与回报。

对我而言,帮助别人是很自然的,也是我天天都在做的快乐事。

没有动机的友谊是可能的,但是没有挑衅的敌意是不可能的。
——伊朗谚语

您已经荣获 MDRT 终身会员 42 年[①]了，有何感想

自 1960 年成为 MDRT 会员后，我就非常喜欢 MDRT 的精神，更喜欢年年都参加在世界各地举行的大会。

自 1967 年成为 MDRT 终身会员后，我共有 22 次获得 TOT（Top of Table）会员[②]的荣誉。

所谓 MDRT，就是 Million Dollar Round Table（百万圆桌会议）的缩写。1927 年在美国开办的百万圆桌会议，由 32 位卓越的人寿保险推销员参加。他们每人当年的人寿保险销售额均在 100 万美元以上。他们想要有一个国际论坛，专门用于打造人寿保险销售与服务的高标准专业方式。

他们相信，成长是交流想法的结果，其观念是："为了得到，每个人都必须给予。"于是，他们希望召唤更多业绩百万美元以上的销售人员，每年都召开一次百万圆桌会议，内容是推广专业的寿险销售和服务，因此形成 MDRT 的宗旨："若要有所得，就要先付出。"（To receive, individual must give.）

---

① 截止到本次采访时间 2008 年。
② TOT 会员：MDRT 的顶尖会员。保险代理人的 FYC 达六倍标准，才可以成为 TOT 会员。所谓 FYC，即首年度佣金。

梅第于 1967 年成为 MDRT 终身会员，之后经常应邀演讲，将经验倾囊相授，无私分享

由此梦想诞生了百万圆桌会议。

MDRT 是一个国际性独立协会，包含来自 70 多个国家、470 多家人寿保险公司的人员，目前有 3 万多名会员。他们均为世界一流的人寿保险和理财服务专业人士。2001 年，会员最多的前 100 家公司中，美国公司有 40 家，会员共 1.1 万多人。

MDRT 会员资格，是一个深受珍视的事业里程碑。MDRT 代表着成就及高度的认可。对多数人而言，参与 MDRT，就是打开了通往知识、激励、专业精神之新世界的大门。

当我第一次参加 MDRT 颁奖时，我以为自己很了不起，是个保险业大英雄。但事后才发现，原来自己对销售懂得竟然这么少，比我优秀的人比比皆是。

参加 MDRT，让我打开自己的眼界，设定更高的业绩目标，让心胸变得更开阔，瞬间提升格局，产生强烈的企图心。每次参加 MDRT，我都会从数十位得奖人身上学到宝贵的知识，这对我的寿险销售生涯有莫大的帮助。

能与比我更优秀、更成功、业务经验更丰富的杰出人士彼此交换意见，是加入 MDRT 的益处。正所谓"天外有天，人外有人"，MDRT 会员不会使自己沉浸在过去的光荣历史里，大家都谦虚地向其他会员请教，精益求精，更上一层楼。

伟大的作品有时候虽然是力量的杰作，但大多数是毅力的结晶。
——伊朗谚语

MDRT 的精神，对您有何启发

MDRT 的精神，十分符合教学相长、经验交流、精益求精的精神。

分享知识

MDRT 是会员交流人寿保险与财务计划、销售构思与方法的重要论坛，是彼此分享宝贵的营销经验的舞台。

通过学习教育提升绩效

通过学习教育，MDRT 会员可以提升绩效。学习的途径有会员专属的网站及多种联谊会，也有年会，还可以通过演讲、阅读等方式了解更多领域的专家的成功经验。

发挥专业精神

MDRT 拥有专业的标准，其对销售额、道德准则的规定及对卓越销售与服务的承诺，能激励会员，使其发挥潜力。

提升个人名誉与绩效

MDRT 会员代表了全世界 6% 的顶尖的保险精英，他们均是来自世界各地的最为成功的人寿保险与财务计划顾问。MDRT 牌匾与徽章，体现了 MDRT 会员追求卓越的坚持与承诺。

良好品牌，最佳形象

MDRT 的良好品牌，为全世界各地的会员树立了最佳形象。

强调"全人"精神

举办丰富的、精彩无比的演讲并强调"全人"精神，以此引导会员追求更有意义且全方位的家庭、健康、教育、事业、服务、财务均衡的生活。

国际联谊，结交良友

来自世界各地的人寿保险与财务计划的专家在此建立深厚的友谊，并分享他们的经验。

MDRT 会员遵守道德准则，以提升会员的服务质量，使之达到最高标准。而这些准则对社会大众、保险公司、MDRT 会员本身也都有益处。

知识就是力量，我常常通过阅读、倾听、讨论、观察与思考，来充实自己。

多年来，我每年都会参加世界各地举办的盛大的 MDRT，获得了非常多的知识与经验。我会与多位 MDRT 获奖者聊天，兴奋地倾听他们分享成功的宝贵经验，我的笔记本中记下了许多他人的宝贵点子及建议，我认为这种交换成功经验的"回报率"是最高的。

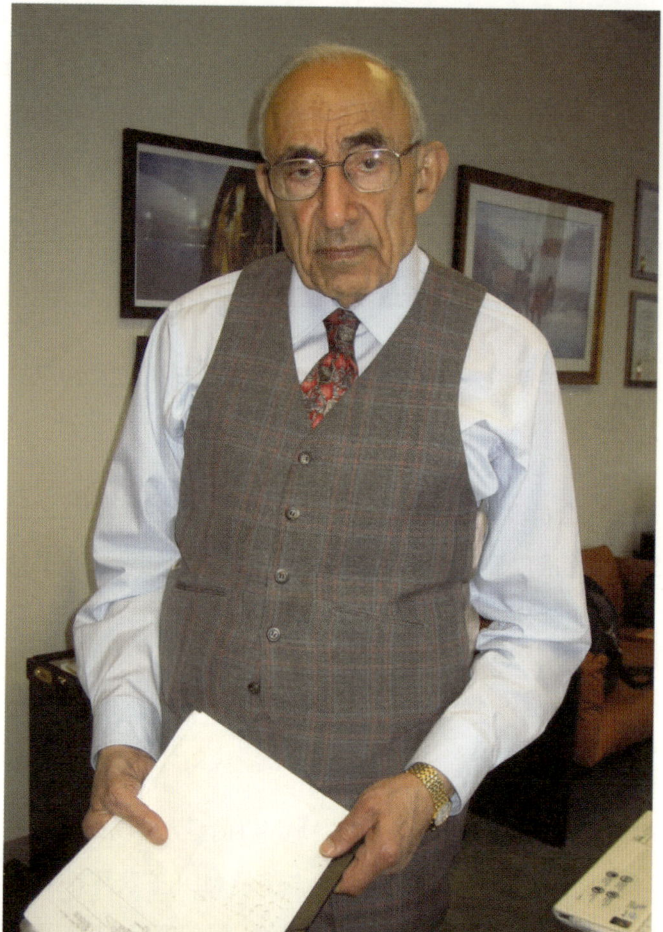

伊朗谚语说："上帝保佑给予建议的人。但对于接受建议、付诸实践的人，上帝给予他的庇佑高达常人 100 倍以上。"

我成功的秘诀之一就是：将他人的好点子、宝贵经验吸取后变成自己的方法。真正的成功者，一定是终身学习者。随时吸收新的想法，善用知识的力量，不要停止学习。

在 MDRT 上，你将有意想不到的收获。

年轻时代所获得的知识，就好比石头上的雕刻，永远都不会磨灭。

——伊朗谚语

在与众多客户面谈中，有无让您尴尬的事

有。那是在我初入保险业时，当时我的英文不太好，口音也重，常常会闹出一些笑话。

让我记忆最深的是，当我第一次写英文保单时，因为英文不太好，我面临了极大的困难。那时我要卖一张 1000 美元的保单给一个码头工人的太太。我花了好几个月的时间去和她沟通，好不容易才说服她投保，最后她为了快快打发我走，终于同意签单。

当我问她一些与健康相关的问题时，却发生了超级尴尬的事。

我问她："Have you ever had bronchitis?"（您有没有支气管炎？）

但因我的口音太重，让她误听成："Have you ever had brown shit?"（你有没有咖啡色大便？）

我错发"brown shit"的音，让她将"支气管炎"误以为是"咖啡色大便"。

只见她一脸不悦地反问我："这算什么问题？"

我告诉她，这是关于投保人健康告知方面最基本的问题。

她大叫:"不关你的事!"

我再次解释这不是我瞎编的,而是公司规定的。

她再次不悦地回答:"这不关你公司的事!"

我说:"因为我们公司要承保你1000美元的医疗险,所以我们必须了解你的健康状况。"

这时,她只好不高兴地再次确认我所提的问题:"你是说'brown shit'(咖啡色大便)吗?"

哦,天啊!原来是我发错音造成的误会。我一脸尴尬,立刻请她原谅我,并赶忙解释我来自伊朗,有些英文单词发音不准确。但我马上又说:"对,对,我问的就是这个问题。"

她很生气地回答:"我当然有。"

当下既尴尬又情急的我只觉得很遗憾,因为我花了两个小时说服她同意签单,但她的身体若有问题,则需要做体检,所以我立刻告知她要安排体检。

回到办公室后,我告诉经理刚才发生的糗事,经理笑着说:"梅第,你制造了一连串尴尬的事件。"

事后我觉得好尴尬,根本没脸再去见那位太太,我请经理帮忙去她家收取保费。哈哈,这是让我记忆最深刻的糗事。

请您分享销售的成功秘诀

没有人是所有领域的专家,所以我建议你最好是找到某些组织,汇集财务、法律、医护、会计、金融等领域的相关人才,与顶尖的专业顾问团队合作。

与人合作是成功的关键之一,它有许多好处,借此你可以给你的客户提供最好、最专业、高质量的服务,让客户享受与众不同的尊贵待遇。

分享以下九个我常使用的成功秘诀:

1. 多想一点,思考深入些。

2. 不要只卖保险,还要卖客户的需求。

3. 和优秀的人一起工作,向成功者学习,你的绩效会更好。

4. 每周 5 个工作日要拜访客户,谈保险的工作时长须满 8 小时,而非只坐在办公室里。

5. 与专业顾问团队结合,和律师、会计师及其他财产规划师合作,能快速解决客户的问题,并赢得客户更大的信任,有助于提高你的成交速度及绩效。

6. 遇到问题时不要沮丧,不要灰心,要设法解决。记住,任

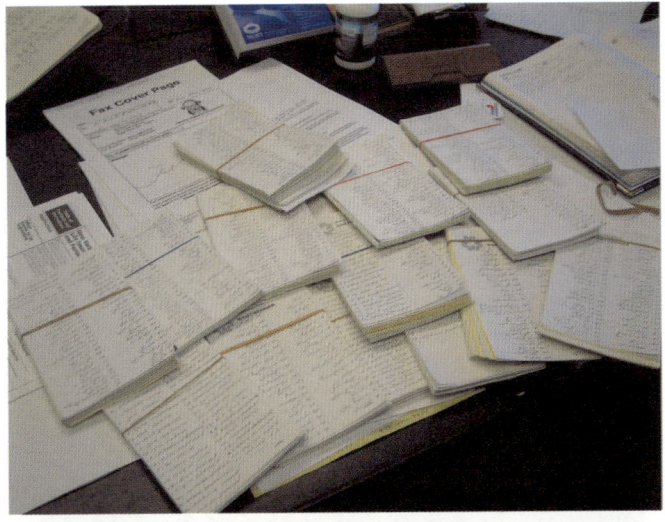

梅第擅长与各领域的顶尖高手合作，完整的客户资料及完善的档案管理，让他的销售绩效屡创新高

梅第与中国"寿险天后"金爱丽合影

何问题都不是无缘无故发生的，凡走过必留下痕迹。凡事只要发生了，必有其道理，必有助于我的成功。

7. 成功者在问题中找答案，失败者在答案中找问题；成功者在危机中看见转机，失败者不断错失机会；成功者寻求机会和答案，失败者多生埋怨与借口。

8. 不断学习、学习、再学习，知识就是力量。

9. 找到你在保险业中最擅长的领域，并让自己成为客户眼中最专业的寿险顾问。例如，你是税务规划、遗产管理、医疗……某一领域的特别优秀的顾问。

如何提出"稳赢"的好问题

第一个例子是,有位非常聪明的早餐店老板,他懂得以"稳赢"的方法来经营餐馆。只要客人一进门,店员马上就问:"请问您要来一颗煎蛋吗?"就这句简单的话,让他在两周内卖出了 179 颗煎蛋。

之后,在接下来的两周内,老板请店员换个台词,改问:"请问您今天要一颗煎蛋还是两颗?"这两周内,他总共卖出了 379 颗煎蛋,比上两周多卖出 200 颗煎蛋。

第二个例子是,有位不动产经纪人,他在一年内卖出了价值 90 万美元的土地。他在销售过程中所提的问题是:"请问这块地您想登记在自己的名下,还是太太的名下呢?"客户的答案只有两个,若不是登记在自己的名下,肯定就是登记在太太的名下。

第三个例子是,一位推销帽子的业务员使用"稳赢"的销售技巧赢得客户的信任。她每次都会对客户说:"这顶帽子您想直接戴着回家,还是要我帮您装在盒子里呢?"她的业绩表现总是最好的。因为客户的答案只有两个,若不是将帽子直接戴着回家,就是装在盒子里带回去。

这三个做不同生意的人,却问出了同样"稳赢"的好问题。"稳赢"的销售方式的关键在于你已假定客户一定会购买,客户是要一颗煎蛋还是两颗煎蛋,而不是要不要来一颗煎蛋。别让客户有选择说"不"的机会。

"稳赢"的销售方式的关键还在于你要提出"稳赢"的好问题。我们常常会面临客户犹豫不决的状况:

"我需要跟先生(太太)商量一下。"

"我需要时间考虑考虑。"

"我回家考虑后,改天再打电话给你。"

"我同学也在做保险,他说一定要买他们公司的。"

"我父母说保费太贵了。"

…………

其实,上述这些说法通常都是客户的借口,你应该试着找出他们拒绝你的真正原因,别被客户的这些借口影响了。我会微笑着跟客户说:

"既然您也觉得我的计划很好,现在就可以投保啊。"

"请问您还要考虑什么呢?"

"我们一起来看看您还有什么问题。"

"需要我再进一步解释这个问题吗？"

"请问我明天或后天方便和您的先生（太太）见面吗？"

"我希望您有个可以节税的方案。"

"这是您考虑的唯一因素吗？"

"如果我能解决这个问题，您会投保吗？"

"您的意思是，希望保费便宜一点，对吗？"

"有什么原因可能会影响您今天无法签单吗？"

"您这么忙，相信还有更迫切的问题要处理。保险只是一个例行的规划而已，您现在就可以做决定。"

"您应趁现在记忆犹新时做决定,打铁要趁热嘛。请问您还想知道哪些细节?"

"我知道您需要更多的时间来思考这个问题,那请您将关于这个计划的所有问题都写下来。下次再见面时,我会用更简单的语言解释给您听,好吗?"

优秀的业务员,要像记者一样具备提出好问题的能力。对客户而言,你提问的技巧很重要。与其问客户:"您懂不懂?"倒不如说:"请问,您喜欢我这样的解释吗?""明天就帮您安排做体检,好吗?""让您的保险今天就开始生效,好吗?"

当客户对你提出的某种看法表示赞同时,这对你而言是最有利的时机。如果潜在客户露出欣喜之情,说明你们已达成基本一致。诚如中东有句谚语说:"甜言蜜语,才能引蛇出洞。"

如何激起客户的购买欲望

危机就是转机,信心能助你打胜仗。因为你每天要跟许多不同行业的人谈保险,所以你不知道自己会遇到什么人。有人客气礼貌,有人摇头拒绝,有人冷漠严肃,也有人对你生气,甚至赶你出门。

1963年,纽约州的一名成衣制造商弗雷德·赖特先生打电话给大都会人寿保险公司,要求取消一张10000美元的保单,这张保单的现金价值为5000美元。他急于将保单解除,以换成现金应急,很多业务员都力劝赖特继续持有这张保单,他却固执地说:"不要再说了,快点寄给我5000美元。"

"他是个令人头疼的人物,大吵大闹地嚷着要要回他的钱。"我的同事克洛斯说。

"我明天刚好要到他那儿附近一趟,要不要我顺道将支票送过去给他?"语毕,我看见克洛斯在窃笑。

"从他打电话的语气判断,见面时他可能会毙了你。他非常讨厌保险推销员,如果你想亲自去送这张保单,就尽管去吧,要小心啊。"克洛斯好心地提醒我。

我先用电话"拜访"了赖特先生,并和他约定见面时间。赖

175

第四篇　超越

特坚持要我以邮寄的方式寄送，不必亲自跑一趟。我告诉他我一定亲自将支票送到，他在电话中的语气确实不好而且很激动。

之后我亲自将支票带给他。当我到达他的办公室时，我感觉赖特并不友善。将支票交给他后，我请他给我五分钟时间，未料他竟大发脾气说："这就是你们业务员的专长，谈话、拖延、拖延，再拖延！你知道我等这笔钱等多久了吗？我告诉你整整三个礼拜了，你现在还想让我给你五分钟？告诉你，我可没有这种闲工夫。"

赖特不停地抱怨……我始终专心地聆听，并不断点头表示同意，耐心地听他发完牢骚，不做任何争辩。将近有十多分钟吧，赖特骂个不停，幸好他的怒气也渐渐消退。我耐着性子让他畅所欲言，将所有的怨气、牢骚都一吐为快。

等他气消后，我再次礼貌地说："赖特先生，我百分之百同意您的说法。您的确受到了不公平的对待，您是应该在 24 小时内就拿到支票的。十分抱歉，不好意思，但如果您要将保单解除，您的损失将会更大。因此，请给我一点时间让我说明我可以给您提供的帮助。您现在需要现金，对吗？"

赖特看着我，点点头说："没错，我想取消保单，解约的目的就是为了要回那 5000 美元用于周转，因为我急需这笔钱，而你们却百般拖延我。现在请你立刻离开这里。"

此时，我并没有理会赖特又略显激动的情绪，而是以和缓的语气建议他："请给我五分钟，让我告诉您如何能拿到 5000 美元应急，同时又可保住您的保单，好吗？"

"哼，你别想再耍什么诡计，你们这些业务员骗不了我……你说的是什么意思？"赖特虽然这么说，但他很想知道我到底如何帮助他。

我向他解释道："您可以用保单做抵押，向我们公司以五分利（利息率 5%）借贷 5000 美元。因为利息支出可以抵缴税款，而他的缴税级别低，仅需按 50% 缴税。如此一来，真正的利息只有二分五（利息率 2.5%）。您既能马上拿到钱，又能得到保险保障。"我给赖特的建议让他开始心动。

"我永远也搞不懂你们的那些保险规定是怎么回事。好吧，那就照你说的方式处理吧。"赖特其实很高兴我帮他解决了问题。他既能马上拿到 5000 美元应急，又能保住原有保单的利益，真是一举两得。

不管赖特是"滔滔不绝"地批评，还是发牢骚，我都一直专注地聆听，找到他的问题——目前急需用钱周转。因为懂得聆听，我为赖特解决了棘手的问题，并帮他保住了原有的保单。

事实上，我的收获还不止于此。

两个月后，我和赖特沟通讨论其他保险的需求规划。当面谈结束后，我卖给了他一张20万美元保额的寿险保单，之后，他又购买了残障保险，最后连赖特的儿子也都成了我的客户。赖特一家人前后陆续成交的保险金额加起来，共有30多万美元。这一切美好的结果，都是从聆听一位一心只想退保的客户开始的。

还有一次，某位客户心情不好，打电话来发牢骚，当谈到他以前不愉快的投保经历时，他忍不住一直以高八度的声音倾吐他的不满。而电话这端的我，不时以"上帝爱您，上帝祝福您"回应他。当我连说10次后，他语气趋于和缓地说："梅第，谢谢你，我知道上帝爱我。"

之所以举上面两个例子，其实要与你分享的是，当客户发牢

台湾保险皇后庄秀凤（左一）、畅销书《赢在保险》作者梅汝彪（右一），与梅第爷爷在内蒙古欢庆

骚时，请你务必闭上嘴巴，竖起双耳，全神贯注地聆听，正在说话的客户就是你的贵人。一般的业务员都是喋喋不休地讲个不停，而优秀的业务员则是一位绝佳的听众。

在与客户的交谈中，有一半时间都在抢话的业务员，业绩肯定比不上一个先专注聆听对方说什么，再决定如何回答的业务员。作为业务员，你必须掌握"多听少说"的原则。

话说多了会显得愚蠢，此刻沉默是智慧的表现。
——伊朗谚语

🎙 "我的亲戚朋友都在做保险,没必要在你这儿买"

"我的岳父、堂哥、同学,好多亲戚朋友都干保险这一行,我要买保险,当然会找他们,所以我没必要在你这儿买保险。"这是许多客户常会对寿险顾问说的一句话。

不要因为听到他的岳父、堂哥跟你是同行,你就打退堂鼓。我会立即询问他:"如果您身体不舒服,医生检查后,发现您有心脏方面的毛病,医生说您必须进行心脏手术,假设您堂哥是个外科实习医生,那么您是找他做手术,还是找心脏科最棒的医生做手术呢?我相信答案一定是找心脏科最棒的名医为您做手术,对吧?因为心脏手术是人命关天的大事,您不会因为自己的堂哥也是医生,就碍于情面,一定要找当实

习医生的他为您做手术吧？同理，在保险规划上，我就是您最棒的'医生'。"

每当客户听完此话后，都说"梅第，你讲得很有道理"，而且都很欣赏我的自信。接着，我们会进一步沟通、讨论，我会给出适合他的保险的建议。

当你知道客户的需求后，应设法拉近彼此的距离，你要从心底认定客户一定会购买你的产品，表现出积极的、自信的态度。

对我而言，我从不怀疑自己的销售能力及客户的投保能力。我曾卖出九张保单给新泽西水电顾问公司，该公司的顾问告诉我："梅第，你有客观的态度、专业的素养，尊重事实，数据精确，解说详细又服务周到，我们都喜欢在你这儿买保险。"

耐心，可打开通往成功之路的大门。

——伊朗谚语

如何处理客户的讨价还价

"我要先和我侄子谈谈,他跟你一样也是保险顾问。"玛莉说。相信你一定常听到客户的这种说辞。

消费者总喜欢讨价还价。许多客户总认为,自己应该获得更合理、更优惠的价格。我会说:"玛莉,很高兴听到您说您侄子跟我是同行。请问他入行多久了?一年?两年?三年?"我如此问玛莉,是因为如果她侄子从事保险行业的时间不足三年,那他有可能会转行,所以无法为她提供后续的服务。

她的答案一般会有两个,一个是未满三年,另一个是已满三年。不管是哪个答案,我都会告诉玛莉:"保险顾问就像医生一样。您是选择一位对您及您家人都熟悉的新手,还是对您及您家人虽然不熟悉,但既资深又优秀的专家,做你们的保险顾问呢?"

"当然选择既资深又优秀的专家。"玛莉答。

"这就对了。根据统计,多数的外科医生不会替自己的家人做手术,他们会请比自己更权威的名医。买保险也是一样的道理,原因是既资深又优秀的寿险顾问,会为您做出更客观的判断,帮助您更清楚、更详细地了解您的财务与事业状况。

第四篇　超越

我们会将您与您家人的资产列为机密,而这些机密是多数人不想也不愿和他的家族成员公开讨论的。所以找亲戚当您的保险顾问,显然不是个最好的选择。"我说。

"梅第,你讲得很有道理,我也认同,但我希望能帮助我的侄子。"玛莉说。

"非常好。玛莉,我相信您的侄子很优秀,更知道您希望让自己人赚到这笔佣金,对吧?我们可以换个角度来看这个问题,我的保险计划是专门为您量身打造的,我是经验最丰富的保险顾问,从事保险行业以来,我的表现与业绩一直都很好。您是选择我,还是选择您的侄子,由您自己做决定……"我提醒她,梅第是经验最丰富的优秀的保险顾问。

"我知道你既资深又优秀,可是他毕竟是我的侄子。"玛莉说。

"我建议您或许可以帮他出钱,让他参加相关的保险研讨会,听听保险专家的经验,他能借此学习如何成为更棒的保险顾问,这应该是您赠送给他最棒、最好的生日礼物或圣诞礼物,相信他一定很高兴。"我建议玛莉以最佳的方法帮助侄子发展保险事业。

保单成交后,我和玛莉一起走向电梯,我说:"为了感谢您成为我的客户,请您的侄子打电话给我,我会告诉他哪个保险研讨会对他是最有帮助的。"

华康集团的创始人、华贵人寿董事长汪振武（右一），为他尊敬的梅第爷爷开香槟庆祝其巡回演讲圆满成功

据统计，当客户说出不愿购买的五个理由时，基本上，这些不买的理由就已成为他们要买的动机。

聪明人不会跟一头狮子格斗，也不会把脚放在刀锋上。
——伊朗谚语

如何处理"我要跟太太(先生)商量后再决定"的情况

客户约翰说:"梅第,你跟我谈的保险很好,但我要回家和另一半商量后再决定,好吗?"

我说:"好,约翰,这是个很好的决定。我乐意和您的另一半坐下来好好谈一谈,好让她彻底了解。请问是明天还是后天,你们的时间比较方便?"

约翰说:"我还没有来得及跟我太太说呢。"

我说:"我知道您很忙,但只要几分钟时间,我就能为您太太解释清楚。"

约翰说:"我太太说,保费太贵了。"

我说:"您的意思是说有些公司的保单比较便宜?其实,各个公司保单的具体项目内容难免有所差异。请问您开什么车?您可能回答:凯迪拉克。请问您为何不开雪佛兰?两部车都能载您去您要去的地方。为什么您要买凯迪拉克?因为您开凯迪拉克可以凸显您的与众不同与高贵,对吧?买保险也是同样的道理。"

约翰说:"现在经济不景气,我要等一阵子再说。"

第四篇　超越

我说:"我们还是可以谈出双方都满意的条件……"

我举此例来说明,如何应对客户暂时不想与你谈保险的借口与拖延战术,你可能一天到晚都会听到类似的话。正确的做法是,根据客户提出的情况实地了解问题所在,再将具体内容加以调整来解答。

"我要问另一半才能决定。"这是已婚客户常常使用的借口。我都会正面积极肯定他、赞美他,您真是一个尊重另一半的好丈夫(妻子),你们夫妻感情一定很好。不过我非常确定,您问另一半要不要买保险这件事情可能会让他(她)伤心地哭泣,因为大部分人都不想听到意外和死亡。若另一半发生不幸,保险理赔金是付给您的,谁会希望自己发生意外呢?您没有决定立即为自己和另一半投保,从某种层面而言,好像是您不够爱他(她)的一个借口。

此话一出,通常客户会马上告诉你,那就约在明天或后天与另一半见面吧。毕竟,谁都不希望被误会自己不够爱另一半,不关心夫妻俩的风险与保障。

成熟就是要学会和不完美共存。

——伊朗谚语

客户说要考虑考虑，您会怎么办

客户说："我还要考虑考虑。"

我会说："请您一定要认真考虑，好吗？请问您要考虑什么？是保额、保费、险种、红利等问题，还是保费的付款方式？"我借此了解客户真正的疑虑。

如果客户肯说他在考虑什么，基本上问题就不大。不论他提出什么问题，你都可以充分解释，好让他安心。你要很笃定地告诉自己，这些问题根本不是问题。

我会一边听客户说出他要考虑的问题，一边拿出投保单说："请问我可以为您填写投保单了吗？"

万一客户还是不愿意当场投保，建议你不妨这么说："您让我想起我曾经服务过的一对年轻夫妻，他们当时也在考虑，最后决定要投保时，他们说很后悔没有早一点签单。因为早投保的话，可以早一点开始累积财富。我不希望您失去这个提早累积财富的良机。"讲完后不要再开口，让客户思考一下。

几分钟后，我会再讲一个真实的故事：加州的一对夫妻是我的好朋友，我为这对夫妻分别规划100万美元的保险，他们12岁的孩子也投保了100万美元。一开始，他们说，孩子不

世界保险大师梅第，被中国各大保险公司争相邀请来做巡回演讲（上图右为前太平人寿总经理郑荣禄、下图左二为前太平人寿广西分公司总经理朱光）

需要投保，不管我如何提醒父母应为孩子投保的重要性，他们仍然一直摇头反对。

此时，我换了个沟通对象，跟小孩说："你希不希望父亲为你多做一些事情？如果你现在拥有 100 万美元的保险，保单价值会逐年提高，但并没有花你一分钱，是不是感觉很好？你的父母很爱你。"

"嗯，感觉的确好，我当然希望我的父亲为我投保。"这孩子笑着说。这对夫妻终于答应帮孩子投保 100 万美元。

所谓"天有不测风云，人有旦夕祸福"，这个小孩不幸在投保后几年因车祸意外死亡，其间，他的父亲交付了 3.7 万美元的保费，身故保险理赔金是 105.8 万美元。这对伤心难过的父母，经济非常富裕，有感于痛失爱子的苦，他们用儿子的保险理赔金成立了爱心基金会，常募款、捐款给儿童癌症及其他疾病等基金会，每年都资助不少需要帮助的弱势群体。如果当初没有这笔保险理赔金，他们也不会成立爱心基金会。

还记得吗？刚开始时，他们根本不想为孩子投保。如今，他们却反问我："梅第，当初你为什么不建议我们多买一些意外险呢？"我只能说抱歉，不能跟这对夫妻说："当初是你们自己一直说不要投保的。"

通常，客户听完这个例子后，八成不会再说"我要考虑考虑"，反而会马上问你，那要交多少钱的保费？

拒绝购买的另一个隐含意思，其实是强烈的购买意愿，你要将对方的拒绝变为积极的成交。

"请将您的所有问题都写下来，下次见面时，我会一一为您解答。如果我能解决这些问题，您今天应该就可以投保了吧。"在给客户考虑时间的同时，我会立即为他们填写投保单。你一定要将客户的疑虑导向利于成交的方向。

如果客户还有疑虑，请你告诉他："因为保险公司需要时间核保，并安排时间为您做身体检查，在此期间您并没有花半毛钱。在这段时间内，请您列出您正在考虑的所有问题，等下次见面时，我会详细回答您的每一个问题，好吗？先生（女士），您好好考虑一下，您绝对有足够的时间去考虑。"

真正具有说服力的人，能在一小时内把他的七个瞎眼的女儿嫁出去。

——伊朗谚语

如何进行有创意的营销

要想进行有创意的营销,关键在于你要比他人多用一点心思,多一点细心,再多一点图示。

将抽象的概念以图示化的形式来表现,效果会更好。举例来说,休斯敦财务关系顾问菲尔·塔格认为,在销售时应以简单的图形来表示。

任职于得州股票经纪公司的皮尔斯,介绍了一位名叫鲍勃·高沃的客户给塔格,他是得州某家公司的首席执行官。皮尔斯打过许多次电话给高沃,想约他出来见面,但都遭到了拒绝。塔格不想放弃,继续电话联络高沃,连续一年半的时间,他每隔 6 个星期就会打一次电话,虽然高沃的态度相当友善,但塔格仍无法和他见到面。

他幽默地对高沃说:"如果您能抽出 15 分钟时间与我见面,那么 6 个星期后,那通电话我就不打了。"

向来认为自己不需要别人帮助的高沃,终于被他的诚意与勤奋打动,同意与他见面。高沃在电话中说:"好,那请你 5 点钟到我这里来,我给你 15 分钟。"

两个人终于见面了。在面谈中,塔格特意在一张白纸上画了个圆说:"这是您的公司。"接着,他在圆的四周画了一个方

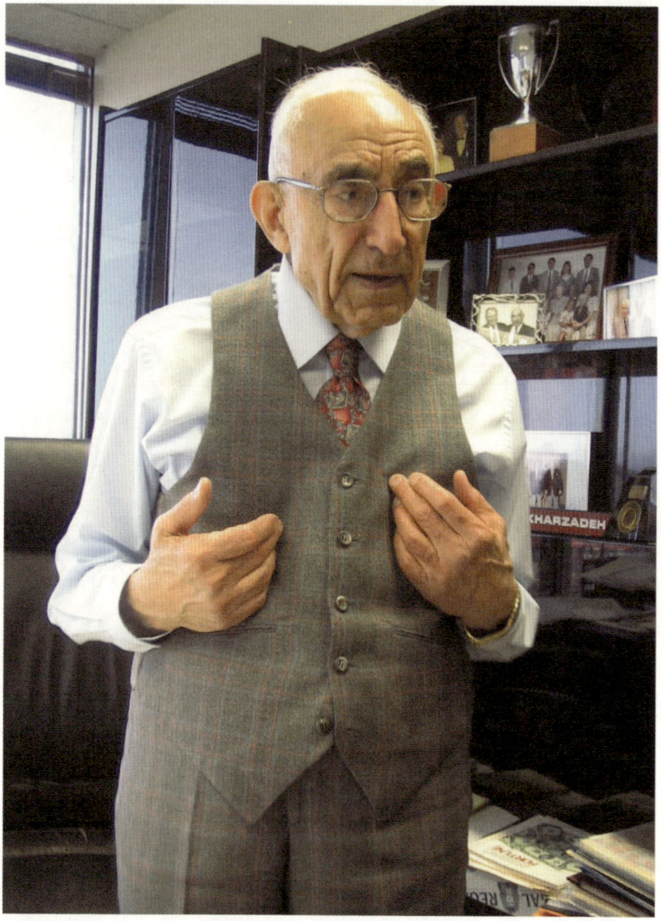
KHARZADEH

格说，"这是您的产业。"在方格外画个更大的方格说，"这是世界经济。"

之后，塔格将笔放在圆上说："这个圆是您公司唯一能控制的部分，也就是您工作的地方。"他从圆的中心画了一条垂直线，线的右边写上绩效，左边写上沟通，再将沟通的这部分一比二划分。

他说："您在与顾客沟通时，三分之二的重点放在顾客身上，三分之一的重点是自己所要讲的内容。所以您最先要确定的是，自己面对的是怎样的消费群体，对不对？然后您再将正确的信息传递出去。这就是我要帮助您让更多人知道您的公司的方式。"

高沃立刻恍然大悟地点头，本来说只给塔格 15 分钟时间，他们却一直谈到 6 点半，塔格带着一份合约愉快地离开。塔格的公司与高沃签下了好几年的合约。由此可见，这种图示化的营销创意，的确比语言沟通的效果好多了。

对于十分复杂的销售概念，若能以简单的语言来解释，再加上能化繁为简的图示，那么让客户信任你的机会就会增多。全世界知名销售大师班·费德雯，过去曾是周薪 20 美元的鸡蛋零售员。他善用简单的语言赢取众多客户的青睐，如今他早已是百万富翁。

莫在竖琴未调好音之前，就迫不及待想要弹奏。
——伊朗谚语

如何利用资产规划成交高额保单

资产与税务规划,是许多有钱人十分关心的话题。如果你能钻研资产规划领域,成为税务专家,取得客户的信任,你销售高额保单的机会肯定比其他人大得多。

一般业务员误认为,资产与税务规划是一门深奥又专精的学问。其实,税务规划不是特别难懂的东西,只要你多研究、多涉猎,很快你也会成为专家。如果你想销售高额保单,资产与税务规划绝对是个重要的跳板。

资产规划的关键在于遗产税。假设你的客户想将价值 1000 万美元的财产留给家人,若按传统做法留下一张普通的遗嘱,他的家人就得缴 55% 的遗产税(美国遗产税最高税率为 55%)。

因此,懂得为客户妥善规划资产和税务的业务高手,能帮助客户将他的财产以高额保单的形式完整留下。

高端的客户通常比较理性,所以我建议你可以多举些名人实例,这将有助于实现你的销售目的。全世界知名的影后玛丽莲·梦露,据悉死后留下价值约 80 万美元的财产,然而这笔财产中有 44 万美元缴给了政府,因为遗产税高达 55%。康拉德·N. 希尔顿,一生累积的财产高达 1.99 亿美元,身后他缴给美国政府将近1亿美元,遗产税高达总财产的50%以上。"猫王"过世时,资产总价值达1000万美元以上,但在缴纳遗产税后,缩水了73%。即使拥有最杰出的财务顾问的福布斯,在去世后所缴的遗产税也高达3亿美元。

以上这些名人,虽然都拥有很高的名气、很大的权力、很多的财富,但也都犯了一个大错误,没有事先妥善地做好财务规划,以便继承人能顺利、完整地继承遗产。

就连俄克拉荷马州的参议员罗伯特·S.柯尔,也犯了同样的错误。柯尔的遗产约有2000万美元,而遗产税就高达900万美元。他是参议员,昔日曾协助制定税法,但他去世前,竟然也没有留下遗嘱。他的继承人因此被迫缴纳将近一半的遗产给美国的国税局(IRS),并且要在9个月内缴清。在柯尔的资产中,可变卖成现金的财产只有300万美元,由于他的继承人不想变卖土地,只好借贷600万美元来缴清遗产税。

每当我讲到这个例子时,客户总会竖起耳朵仔细听,还有人问:"那该怎么办?"

我进一步说明,参议员柯尔绝对不是故意忽略资产规划,而使继承人不但少继承很多财产,还要借贷600万美元来缴清遗产税的。

所以你要劝说客户需要通过合法的节税方式,妥善保全资产并避免缴纳高额的税款……而保险就是一个很好的方式。建议你的客户现在就采取行动，不要拖延，千万别跟自己的钱过不去。

正如柯尔虽是位聪明、富有、优秀的参议员，却不是位好的理财专家，现实生活中，多数人都跟他一样。根据统计，约有90%的人，包括能请得起专业律师和税务专家的富翁在内，在去世前大都没有做好资产规划。也有很多人和柯尔一样，没有留下遗嘱就离开了人间。

因此，建议你的客户将资产交给信托公司管理，或提前配置能保全资产的保险。这样不但能储蓄，还能避免万一你的客户不幸去世，他一半的财产不翼而飞的情形发生。

每个挑战都像是障碍赛中的跨栏一样，先将你自己丢过去，整匹马自然就跨过去了。

——伊朗谚语

第五篇 精彩

您在全世界多少个国家和地区做过巡回演讲

从我入行至今的 54 年，我一共在全世界 56 个国家和地区巡回演讲过。其中包括：美国、英国、法国、德国、意大利、希腊、匈牙利、荷兰、加拿大、墨西哥、阿根廷、冰岛、挪威、伊朗、印度、斯里兰卡、菲律宾、中国、泰国、马来西亚、新加坡、日本、南非、新西兰、澳大利亚……

目前，我想前往演讲的前四个地方是：迪拜、俄罗斯、巴西、韩国。

不论到哪个国家或地区演讲，我的收获总是很丰富。一则，我将出国演讲当作环游世界的旅行，多数情况下我会带着爱妻席格兰一起前往，感觉像是在度蜜月，旅途非常愉快。再则，我从中汲取了很多宝贵的经验，结交了世界各地的好朋友。当然，通过我的经验分享，能够使全世界保险业同行事业更成功、财务更自由、人生更圆满，这是我感到十分欣慰的事。

我每年都会参加美国的 MDRT，20 多年前，我在 6 个国家和地区巡回演讲，包括日本、泰国、新加坡、马来西亚、菲律宾和中国香港，每个地方大约待上一星期。

当时，亚洲地区对 MDRT 比较陌生。我在台上热情地与他们分享参加 MDRT 的好处，在那几场演讲之后，这几个国家和地区的保险公司开始重视并设置奖励，借此鼓励人们成为 MDRT 的会员，并踊跃参加 MDRT。之后几年，每年平均都有几百个人参与在世界各地举办的 MDRT。

每年在 MDRT 上，来自世界各地的众多热情的同行，都会兴奋地跑来与我合影，并握住我的双手说："梅第，真的太感谢您了，谢谢您告诉我们参加 MDRT 的诸多好处。去年我听您的演讲，实在受益良多，我今年的业绩比去年增长了好几倍。谢谢梅第，以后我会和您一样，一定每年都来参加这个会议，感觉真的很棒，我还会邀请更多伙伴一起来。"

知识是人类远见的积累。

——牛顿（英国物理学家）

您成功人生的驱动力是什么

感谢上帝,让我拥有如此美好的人生;感谢保险事业,使我能快乐地帮助别人,为人们服务。我每天都充满感恩之心。

我每天都在不断地追求更好、更高的人生目标,这是驱使我迈向成功的动力。其中有几个重点:

一、在我的一生中,我只想当第一名,包括在运动、学业,甚至事业上,从没想过当第二名。

二、我拥有幸福美满的家庭,我挚爱的妻子、子女和孙子女,上帝让我如此幸运。

三、我热爱帮助别人,不管他们是谁。我的每个客户都是值得交往的朋友,每段关系都是我十分珍惜的。他们让我觉得很富有,他们关心我,我更关心他们。

四、成立慈善基金会。两三年前,我太太席格兰与我一起创立了三个慈善基金会,我们将自己大部分的财产交给信托公司,以信托资产维持基金会的运营。其中,"S and M Foundation"是以我和太太英文名首字母命名的,主要资助贫困学童。这源于我从小就体会到教育的重要性和知识的力量,因此我希望在自己的能力范围内,回馈社会,有所贡献。

梅第爷爷经常受中国保险界邀请,举行盛大巡回演讲会,场场都是万头攒动的火爆场面

捐助爱心善款给需要帮助的儿童们，是我现阶段要积极实现的重要目标。

此外，我计划在伊朗建造三所最高标准的小学、初中、高中，以我父亲阿里·法克沙戴的名字命名，为伊朗培养出最优秀的人才。我们的基金会计划长期帮助伊朗和冰岛贫困的孩子们，让他们能快乐地接受教育，将来成为对社会有贡献的优秀人才。

感谢上帝，赐给我们所有美好的一切。

你说什么、希望什么、期待什么、想要什么都不重要，只有你做了什么才算数。

——博恩·崔西（美国演说家）

请您解释"知识就是力量"

知识就是力量。从小生长在伊朗的我,深深感到学习、教育、知识的重要性。

我总是尝试学习各个领域的知识。我在 MDRT 上与许多顶尖人士交流,同时我也幸运地应邀到世界各国分享我的经验。在台上我卖力演讲,在台下我竖起双耳,聆听其他演讲者的分享,接受热情的朋友的回馈,并做好笔记,以备我自己日后营销所用。

我从事保险行业已有 54 年,大家都称赞我资深且成功,但我知道自己懂得的还是不够多。每样东西对我而言都新鲜有趣,我乐于学习,而且是个好听众。我乐于参加全美各地与全世界各个保险会议。每当在会场中听到一个新的想法、点子,我就觉得受益良多。

例如,我从保险业的传奇人物班·费德雯那里学到了很好的销售点子:一次只提一个重点。他说:"把困难的事情分成几部分去处理,就会变得容易。有人说每年要卖出 1 亿美元的保单很困难,你除以 50,一个礼拜的业务量就只有 200 万美元。"他的销售步骤是:不要想着一下子把什么都卖给客户,将你的任务分成几次来完成。

我从新闻报道中学到,凡事都要简洁。举个好例子,某天约翰逊总统①被紧急送到医院的急诊室准备做手术,在即将打麻药之际,有位助理问他:"总统先生,请问您有什么事要交代副总统吗?"

约翰逊总统说:"有,叫他凡事都要简洁。"

基督教《主祷文》只有 71 个字,"十诫"只有 297 个字,《葛底斯堡演说》②只有 272 个字……这些都是简洁的好例子。

三人行,必有我师焉。择其善者而从之,其不善者而改之。
——孔子(中国思想家)

---

① 这里的约翰逊总统,指的是美国第 36 任总统林登·贝恩斯·约翰逊。
②《葛底斯堡演说》:美国前总统林肯最著名的演说,于 1863 年 11 月 19 日发表,以哀悼在葛底斯堡战役中阵亡的将士。

您心目中的英雄是谁

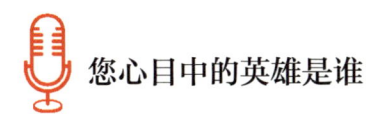

英雄就是不自私、乐于帮助别人、为人类服务与奉献的人。

我认为,真诚且愿意奉献个人时间在需要帮助的人身上的人,就是英雄。从事保险事业的每一位精英,都是受人尊敬的英雄。我欣赏特蕾莎修女、甘地……他们都是牺牲自己奉献给人类的英雄。

衷心感谢保险业前辈,格兰特·塔格特、莱斯特·罗森夫妇、54年前借我五本保险类书籍且引我入行的麦克斯·克洛斯,以及所有帮助过我的同人、客户、朋友与家人们。

拿破仑·希尔[①]不但著有《思考致富》一书,还帮助各领域的很多人在各自行业里取得成功。当然,还有很多值得尊敬的人……

伊朗谚语说:"一盎司是一吨的缩小版。"

生如夏花之绚烂,死如秋叶之静美。

——泰戈尔(印度诗人)

[①] 拿破仑·希尔(1883—1969):美国成功学家、作家,世界上伟大的励志大师之一,著有《成功规律》《思考致富》。

您常自勉的座右铭是什么

我的快乐就是和人们在一起,并成为一个顶尖的寿险顾问。我喜欢帮助别人,让人快乐,身为寿险顾问是我的荣耀。

除了梅第成功的五大原则:"诚实至上、将心比心、知识就是力量、工作就是娱乐、决不气馁",我还非常喜欢"WINNERS VS LOSERS"(胜利者与失败者)的格言。为此,我特意将其做成提示牌,挂在我办公室的墙上,时时自勉,在这里与你一起分享。

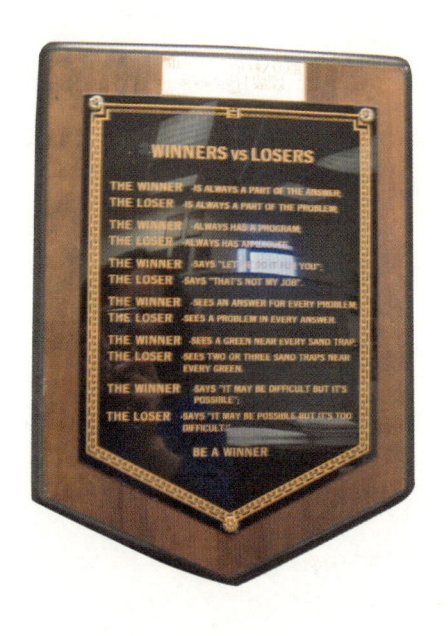

WINNERS vs LOSERS

THE WINNER   —IS ALWAYS A PART OF THE ANSWER.

THE LOSER   —IS ALWAYS A PART OF THE PROBLEM.

THE WINNER   —ALWAYS HAS A PROGRAM.

THE LOSER   —ALWAYS HAS AN EXCUSE.

THE WINNER   —SAYS "LET ME DO IT FOR YOU."

THE LOSER   —SAYS "THAT'S NOT MY JOB."

THE WINNER   —SEES AN ANSWER FOR EVERY PROBLEM.

THE LOSER   —SEES A PROBLEM IN EVERY ANSWER.

THE WINNER   —SEES A GREEN NEAR EVERY SAND TRAP.

THE LOSER   —SEES TWO OR THREE SAND TRAPS NEAR EVERY GREEN.

THE WINNER   —SAYS "IT MAY BE DIFFICULT BUT IT'S POSSIBLE."

THE LOSER   —SAYS "IT MAY BE POSSIBLE BUT IT'S TOO DIFFICULT."

BE A WINNER!

译文：

胜利者与失败者

胜利者，永远在找答案。

失败者，永远在找问题。

胜利者，永远有计划。

失败者，永远有借口。

胜利者说：让我为你做些事。

失败者说：这不是我负责的。

胜利者，看见每个问题的答案。

失败者，看见每个答案中的问题。

胜利者，看见每个沙坑①旁边有果岭。

失败者，看见每个果岭有两三个沙坑。

胜利者说：这可能有困难，但并非不可能。

失败者说：这或许可行，但这太难了。

做个胜利者！

---

① 在高尔夫球场的球道或果岭附近由沙子做成的陷阱。

给保险从业人员的建议、期许与勉励

保险，是上帝赐给人类的最美好的礼物。我相信，我们所从事的保险事业，是世界上最美妙、最令人满意的事业。

购买保险产品的好处是世上独一无二的。例如，终身寿险让客户稳赚。若客户只付一次保费就不幸身故，保险公司就要理赔全部保额。保险从业人员可以帮助客户将钱增加十倍、百倍。定期寿险的好处更多。

从事保险业 54 年的资深经验，让我拥有不少理赔经验，许多家庭都因购买了保险而得救。这正是从事保险事业让我最有成就感的原因。

爱惜光阴，因为时间很宝贵，不要觉得时间用不完。时间一小时、一天、一个月……过去了，永远都无法再收回。请小心且明智地利用最宝贵的时间。

热衷参加专业培训的人终将会成功。保险从业人员若能明白参加专业培训的重要性，必然能胜过不爱学习者。所以，我建议你多学习，多上课，多参加各种与专业相关的讲座，多阅读书报杂志，多参加专业领域的大型会议，并且随时学习专业知识，多了解每日时事，以丰富和客户谈话的内容。多参加晨会，获取有效的最新资讯，吸收新的营销点子。

与过去相比，你会发现客户的教育程度越来越高，需求越来越专精，因此你应该与时俱进，不断充实自己各方面的专业知识，这样才能符合并且满足市场与客户的需求。

保险是靠人销售而不是靠机器销售的无形商品，因此从事保险事业，必须时时与人面对面沟通，加强面谈技巧，让销售成交于自然交流中。你在保险业取得成功的机会永远不会消失，因为每个人都需要借由保险来保障自己和家人的生命、财产的安全。

人生就好像回旋镖一样，你掷出的是什么，收到的就是什么。
——卡耐基（美国成功学家）

🎙️ 请分享您的长寿之道

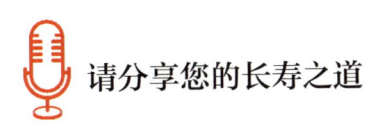

规律的作息、营养的饮食、适度的运动、虔诚的信仰、愉快的心情、明确的目标、助人的事业、幸福的家庭，这些都是帮助我健康长寿的秘诀。

从小父亲就教导我，早睡早起，勤奋工作。自幼年起，我每天都于凌晨 4 点半起床，分秒必争，认真读书与工作。由于勤奋地工作，我练就了一个好身体。我的身高以前是 5.9 尺，现在是 5.7 尺（约 1.75 米），体重最重不超过 160 磅，一直维持在 148 磅至 150 磅（约 68 公斤）左右。我今年 87 岁，除了臼齿是假的，其他的每颗牙齿都是真的。

我耳聪目明、心智年轻、精力充沛，年轻小伙子走路都不一定有我快呢！每年的体检报告都显示我很健康。很多人都很好奇，梅第究竟是怎么养生的？其实很简单，我每天凌晨 4 点半起床，虔诚地祈祷，做半小时以上的健康操（如下图所示），自己做营养丰富的早餐，7 点前到办公室。

关于饮食方面，我天天都会吃多种水果、蔬菜，不偏食，不吃油腻的、甜的东西，不吃糖果零食，不吃夜宵，不喝酒和饮料，只喝白开水，偶尔喝中国茶。

有 10 种对身体很好的食物，是我常常食用的，包括：花生酱——预防糖尿病、心脏病；酪梨——预防心脏病；红椒、青椒——消耗卡路里；西瓜——保护前列腺；全麦谷物麦片——保护心脏；蓝莓——增强免疫力；苹果——保护肺脏；鲑鱼——保护前列腺及心脏；蛋——对抗眼疾，消耗卡路里；姜黄——抗癌、预防疼痛及肿瘤。

我重视适度的运动，除了每天清晨半小时的健康操，我在办公室只要有空，还会时时再次运动。均衡的食物营养，天天保持愉快的心情，充足的睡眠，虔诚的信仰，均有助于打造长寿健康的人生。

一个人的理想越崇高，生活越纯洁。
——伏尼契（爱尔兰女作家）

1. 手臂抬起至 90 度，将身体拉长

2. 双手交替各做 15 次

3. 双手下垂，弯腰，伸手及膝，来回吸气吐气

4. 双手交替各做 15~30 次，身体开始暖和

5. 身体回正，准备脚部动作

6. 右脚提起，做抬腿动作，往前用力踢

7. 换左脚，若重心不稳，可以扶着墙或椅子

8. 重复第6、7项动作

9. 手臂撑门，找到平衡点，预备做弯腰动作

10~12. 弯腰向下伸展，来回数次，记得吸气吐气

第五篇 精彩

13. 双手上举，上下摆动数次

14. 右臂运动与臂膀甩动，左右数次

15. 左臂运动与臂膀甩动，左右数次

16. 往后拉提臂部，锻炼后臂肌与手腕关节

17. 往后拉提，回到中心位置

18. 双手用力往下甩

19. 预备提起双臂

20. 手臂打开，做扩胸运动

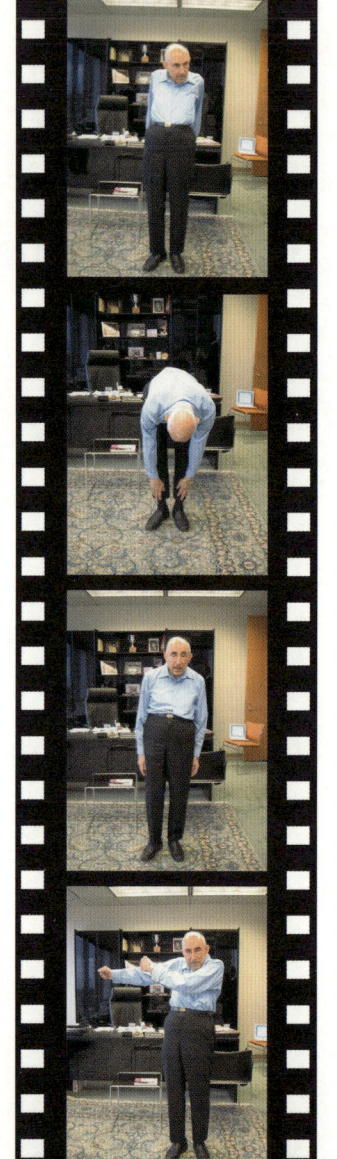

21. 双手往后甩

22. 弯腰及膝，尽量摸到地，慢慢让筋骨产生张力

23. 回归正位，休息一下

24. 开始重复第 14、15 项动作

25. 继续重复第 14、15 项动作

26. 右脚提起，准备做下一个动作

27. 做甩腿动作，右脚提起，往前用力甩踢

28. 左脚提起，准备做甩腿动作

29～30. 往前用力甩踢，来回数次

提示：以上动作视自己的体能与运动时间来完成。

在梅第的"字典"里永远没有"退休"两个字吗

是的,在梅第的"字典"里永远没有"退休"两个字。我投身保险事业已经54年,至今我仍是每天凌晨4点半起床,7点以前到办公室,保单销售、客户服务工作从未停止。

有媒体记者如此形容我:"这种纪录在全世界保险业实在很难找到第二例,因为梅第的至理名言是:就算是一流的业务员,每天起床时也是没有工作状态的。所以他每天起得很早,为自己进入工作状态留出充足的时间。"

许多人都在问:梅第从事保险业已超过半个世纪,何时才会真正退休?

更有不少人称赞我说:梅第,你这么成功,早就该退休享福了。

我笑着说:"我热爱保险事业,从来没有想过要退休。只要身体健康,我就会一直做下去,直到走不动为止。我还有好多客户要服务、好多保单要成交、好多善事要去做、好多目标要完成呢!尽管我已经87岁了。因为在梅第的'字典'里永远没有'退休'两个字。"

"相约保险大师 迈向世界之巅"，华康人寿为梅第爷爷举办盛大演讲会

附录 A

无惧与坚持
——梅第在中国演讲精华摘要

大家好,我是梅第·法克沙戴,很开心来到中国。

我很羡慕你们能在中国经营保险事业,你们真是全世界最幸运的人!因为中国有 14 亿人口,而投保率却不到 10%,所以你们还有很大的商机,我都想来中国经营保险事业了!

今天我想跟大家分享的主题是:无惧与坚持。

从德黑兰大学法律系毕业后,我想到国外继续深造,于是千里迢迢飞到美国攻读博士学位。虽然当时我不知道美国在哪里,也不了解美国的各种情况,但我很勇敢地飞到了美国。

当时我坐的飞机在纽约降落,而我的目的地是犹他州,可我并不知道犹他州在哪里。因为当时我看不懂英文,更不会说英文,迷路的我在街上不断比手画脚地问当地人:如何才能到达犹他州?有人告诉我说坐公交车可以到。我原以为坐公交车几个小时就能到达犹他州,万万没有想到,我整整坐了三天三夜。当时我身上只有1200美元,在那三天三夜中,我只吃了两顿饭,因为不懂英文的我不知道怎么点餐。

此外,来美国之前,我的父亲送给我一个很漂亮、很昂贵的钻石戒指。没想到的是,这么有价值的传家宝,竟然被我在途中去卫生间洗手的时候弄丢了……

我初到美国的故事,可以说得很长。长话短说,历经千辛万苦,我终于找到在犹他州的朋友。朋友带我去见了他的一些朋友,他们问我:"既然你打算去那么顶尖的学校攻读硕士和博士学位,为什么连英文都不会呢?"

我问:"那我应该怎么做呢?"

他们说:"你应该去语言学校,把英文学好。"

于是,我真的跑去语言学校学英文了。第一天上课时,老师布置了一整页的英文作业,而我只看懂了其中的64个单词。当天晚上,我把所有不懂的单词都认真地查了字典,并记录下来。我下定决心,一定要努力学好英文。自此,每天清晨6点,去学校的路上,我就开始认真背诵每一个我不会的单词。这样的日子持续了一个学期。功夫不负有心人,最终我以31个Ａ的优异成绩,拿到了杨百翰大学经济硕士学位。

我举这个例子,并不是在向你们炫耀,而是要告诉你们一个道理：有志者事竟成。当你下定决心要完成想做的事情时，只要用对方法，持之以恒，你都可以完成。

接下来，我再讲讲我和我妻子的故事。

拿到了杨明翰大学的经济学硕士学位后，我还想继续深造。由于学习成绩优异，我成功申请到了华盛顿大学的奖学金。在华盛顿大学就读时，我遇到了我漂亮贤惠的妻子。她是来自冰岛的大美女，美丽、大方、聪明，于是我对她展开疯狂的追求。然而，没有一个人相信我能娶到她。我的同学和朋友不相信，我的家人和我妻子的家人也不认同，甚至连我妻子自己都不认同。全世界唯一对此相信并认同的人，就是我自己。

我花了整整三年的时间，疯狂地追求她。为了躲避我热烈的追求，她转学了，于是我也跟着转学了。不管她去哪里，我都跟着去哪里。结果，她被我的真诚感动了，我们结婚了！

所以，你想做什么事情，就要下定决心去做，相信自己可以做到，并坚持做下去。就像八九十年前有人跟你说人类可以到月球上去，你会相信吗？然而，在 1969 年，尼尔·阿姆斯特朗成为第一个登上月球的人。我是那次壮举的目击者。我记得在电视上看到"阿波罗 11 号"升空的那个新闻时，当时的美国总统肯尼迪说：我们一定要成为第一个登上月球的国家。他们设定了目标，并下定决心要实现，他们真的做到了！我要说的是，每一件事情都是有可能的，只要你下定决

心，就一定能够实现。

大家知道我是如何进入保险行业的吗？

我的妻子是一个非常聪明的女孩，她总是班上的第一名，还会说9种不同的语言。她在华盛顿大学获得硕士学位后，很多大学向她抛来橄榄枝，愿意给她提供奖学金，像斯坦福大学、康奈尔大学，最后她决定去纽约的康奈尔大学。以优异的成绩从康奈尔大学毕业后，我的妻子在纽约找到了一份非常好的工作。于是，我们就结婚了。

结婚之后，我的妻子继续工作，而我继续攻读博士学位。不料，我的妻子怀孕了。她对我说："怀孕期间，我就不能再工作了，梅第。你最好赶快找个工作。"于是我到处去找工作，但我连一周挣35美元的工作都找不到。当时我不知道该做什么，就跟妻子说："如果我找不到工作的话，我们就得回伊朗，因为我的父亲很有钱，是个亿万富翁。"

后来，我向纽约大学求职中心提出申请，出于无奈，我在第三个志愿栏上填写了"保险"。就这样，我进入了保险行业，成为美国大都会人寿保险公司的一员。

回想我与妻子刚结婚的时候，在我们的那个小房子里，连件像样的家具都没有，因为我们没有钱。而我在保险业工作50多年后，已经买了11座农场。对于这一切荣耀，有时候我感觉自己好像在做梦。

如今，我已经快88岁了，在国际上享有盛誉，也实现了财富自由，但我仍然没有退休。你们知道我每天几点起床吗？凌晨4点半。没错，我凌晨4点半就起来工作了。天下没有免费的午餐，如果你想追求自己想要的，就得付出努力。你工作得越努力，你得到的就越多。我之所以到现在还没有退休，有两个理由：第一，我热爱我的工作；第二，我要趁自己还能做事时多做些事。我常看到那些七八十岁的人，因退休后什么都不做，身体状况、精神状态都变得很差，而我一直坚持只要自己能做得动就不退休。我的妻子对我的身心状态也很惊讶。有一次吃晚饭的时候，我的妻子问："你把食物拿到哪里去了？"我回答："被梅第吃光了！"我每顿要吃的食物是她的6倍到7倍多。

去年我在纽约有一场演讲，其中有一个我最喜欢的"Q & A"的环节。

有一个人站起来问我："您什么时候退休呀？"

我反问他："你结婚了吗？"

他说："结婚了。"

我继续问："你有没有小孩呀？"

他说："有啊。"

我继续问："你爱他们吗？"

他说："当然爱了。"

我继续问："当你爱你的家人时，你会越爱越多还是越爱越少呢？"

他说："当然是越爱越多了。"

我回答："我对工作也是如此。当你热爱一件事情时，你为什么会想要丢弃它呢？"

对于工作中经常看时间的人，我感到十分遗憾，因为他们只想知道工作什么时候结束。他们在期待周末的来临，因为他们希望周末可以出去玩。这些人只是为了谋生才工作的，他

们没有设定更高的目标。如果他们懂得设定更高的目标,他们的情况就会好很多,就像我一样。我希望,在座的每一位都可以像我一样拥有今天这样的成就。

相信你们也可以像我一样设定一个目标,并下定决心努力去实现它。相信我,如果你这么做了,你的成就会远远超过我。我是从伊朗来到美国的,对当时的我来说,美国是一个陌生的国家,我几乎不认识那里的任何一个人,也不会说英语。我先是在美国的西海岸念书,然后又跑到美国的东海岸工作,可那里仍然没有我认识的人,而且英语又不是我的母语。尽管如此,我却在美国最大的保险公司做到了第一名。我要再次强调的是,凡事皆有可能,只要你努力,都可以做得到。

不管你从事什么行业,做什么事情,遇到什么问题,请记住一句话:问题的背后都有解决的方法。一个成功的人遇到问题的时候,会坐下来静静地去想,然后找到解决问题的方法;一个失败的人遇到问题的时候,就会哭,会抱怨,会沮丧,会忧愁。

当我跟听众分享我的经验的时候,经常会对很多非保险行业的听众说,我也可以成为你们那个领域里的亿万富翁。在每个行业里,只有1%的人可以到达顶尖的位置,而他们与99%的人的区别在于:他们在遇到问题的时候,总是静下心来去寻找解决问题的方法。

每个人都会遇到挑战。成功的人会试着去解决它,并且继续勇往直前,而失败的人只会抱怨和沮丧。

接下来,我跟大家分享一个我的亲身经历。

之前,我为NBC(National Broadcasting Company,美国全国广播公司)的一位主管做了一份保险规划方案,他非常满意。在一次面谈中,他对我说:"NBC还有一位主管跟我一样想配置一份保单。他的地位尊崇,事业成功,家里有几个小孩。我非常确定,你帮我设计的这个保单也适合他。今天晚上他邀请我去吃饭,我会跟他说你帮我设计的这个保单特别好,并把你介绍给他。你有空就去找他。"

我跟他说:"谢谢。"

这位主管继续说:"但是有件事我必须事先提醒你,那位主管有个秘书,这个秘书跟他相处了约 37 年,是个非常强悍的人。请千万不要以写信的方式与那位主管联系,因为他的秘书一看到是大都会人寿保险公司寄来的东西,就不会给他,而是直接丢掉。当然,你也不要没有提前联系就跑去找他,最好提前打个电话跟他约一下时间。"

几天之后,我打电话给那位主管。

他的秘书接了电话:"你是谁?"

我说:"我是梅第先生,大家都叫我'梅第先生',因为我的姓氏太长又太难念。"

秘书问:"你是从哪里打来的?"

我说:"美国大都会人寿保险公司。"

秘书回答:"很抱歉,我的上司正在跟两个人进行很重要的谈话。"

我接受了。

几天之后,我又打了一次电话。

秘书问:"你是谁?"

"梅第先生。"

"你是从哪里打来的?"

"美国大都会人寿保险公司。"

"不好意思,我的老板没在。"

我挂了电话。

过了几天,我再一次拨打电话。

"你是哪位?"

"梅第先生。"

"你是从哪里打来的?"

"美国大都会人寿保险公司。"

"不好意思,我的上司正在接国际电话。"

每次我打电话过去的时候,秘书总是找一些借口,就是不让我跟那位主管讲话。我想起之前那位朋友的提醒,知道自己遇到挑战了,所以我必须找到方法克服它。我坐在办公室的椅子上,心想着,我要怎么做才能战胜这个挑战呢?

十几分钟之后,我突然有了一个灵感。我再次把电话打过去,同样是他的秘书接的电话。

"你是谁?"

三商美邦人寿副总蔡锦城（右四），邀请梅第爷爷来台北小巨蛋进行"第九届亚太保险理财万人大会"演讲

梅第爷爷盛赞连续 21 年的 MDRT、TOT 会员陈品妏（左二）、连续 21 年的 MDRT、COT 和 10 次 TOT 会员吴进旺（左一），是保险业精英的典范

"我是法克沙戴先生。"这次我用了我的姓而不是名。

"你是从哪里打来的?"

"我是从伊朗打来的。"

电话马上就被接过去了。

我讲这些,是想要跟大家说什么呢?千万不要放弃!当遇到困难的时候,去找解决的方法,不要轻易放弃。如果你坚持这么做,不管你要做的是什么事情,我敢保证,你一定会成功。

在座的各位,无论你是年老的还是年轻的,是来自大城市还是小城市,是黄种人还是白种人……这些都不是你不成功的理由,只要你有成功的决心,你就可以成功。

我在这里非常开心,希望有一天你们也可以像我一样,站在这个舞台上,接受大家给予的荣耀和掌声。谢谢你们。祝你们成功!我爱你们!

附录 B

国际保险大师梅第
——88 岁超级业务员的奋斗人生

华尔街金融风暴使全世界的经济不景气,而保险金融业的从业人员首当其冲。但曾经历大萧条时代的美国大都会人寿保险公司保险大师梅第却丝毫不受影响,他甚至发现如今的保单比以前更好卖,原因是什么?

撰文:龚招健

美国保险业龙头 AIG 濒临破产,让许多客户开始怀疑保险公司未来的理赔能力,保险业务员普遍发现保单的销售难度大增,但是,美国大都会人寿保险公司高级业务员梅第·法克沙戴的保单销售量反而增加。他今年 88 岁,每天一如往常于清晨 6 点多就开车出门上班,拜访潜在客户,连周末也不例外。

"美国经济衰退,金融风暴肆虐,企业裁员、减薪比比皆是,大家都不看好保险市场,许多同行'阵亡'了,没'阵亡'的成交量也大大减少。当竞争对手大幅减少时,我的业绩自然就会增长！"坐在纽约的办公室里，梅第接受了本刊越洋电话专访。他说起话来声音洪亮、底气十足，亲切的语气像个慈祥的邻家爷爷，让人很难想象他是一个"高龄超级业务员"。

梅第连续 42 年荣获美国寿险业 MDRT 会员，取得终身会员资格；2008 年被选为"全美风云人物 WHO'S WHO"，以表彰他在保险业的傲人成就与贡献。投身保险业已经 54 年，至今他仍是每天上班，保单销售、客户服务工作从未停止，这种纪录在全世界保险业实在很难找到第二例，因为他的至理名言是："就算是一流的业务员，每天起床时也是没有工作状态的。"

清晨 6 点多出门，从周一服务到周日

1960 年，梅第投身保险业才第五年，保单年度销售额就突破了 100 万美元（以所收保费计算），从此业绩一路向上冲；1980 年，他创下一年超过 5000 万美元的业绩，是大都会人寿保险公司的"长青超级业务员"。

事实上，梅第早已是亿万富翁，在美国拥有 11 座农场及其他富人区房地产，并且还领有源源不断的高额年金，早就已经不需要依靠保单佣金收入过活。那么，让他仍然如此打拼的原因是什么？

"我是以真诚帮人解决保障型资产不足的心态去做保险销售工

239

附录 B 国际保险大师梅第——88 岁超级业务员的奋斗人生

作的，喜欢跟人接触聊天，乐此不疲，因此一星期上班七天，几乎全年无休……与其假日里窝在家里看电视，还不如争取时间去拜访、服务客户。"

他告诉本刊，最近有一个财务状况不佳的客户，向他买了500万美元保额的定期寿险及失能险，他从中能够抽取的佣金其实很少，因为定期寿险保费低廉。但他还是愿意花时间说服对方，目的是要让这个客户的家庭在危急时刻能够获得财务保障，以免子女教育金、房贷无着落。

梅第透露，在这场金融风暴中，许多客户就是靠保单质押、房贷保险给付渡过难关，免于破产的。"美国人普遍信用透支，没有储蓄的习惯，因此很需要保险。保险不仅可以提供家庭财务保障，还有强迫人们储蓄的功能。保障型、储蓄型保险在这场金融风暴中所发挥的积极作用超乎想象，尤其是在美国！"

由于梅第经常受邀在保险金融业界活动场合演讲，在美国有一定的知名度，更是大都会人寿保险公司的活招牌，因此他在客户拜访、业务开发上比同行享有优势。即便如此，他还是会比同行付出更多的心力和时间从事保险销售与服务工作。

每天凌晨，当多数人还在睡梦中时，他4点半就起床，先运动半小时，再为全家准备早餐，7点前到办公室，开始一天的工作。周五时，多数上班族赶着下班过周末，他却持续安排自己在周末拜访潜在客户，服务客户。此外，当客户通过公司核保时，重视面对面沟通的他，会亲自把生效的保单文件送到客户手中，不让公司代为邮寄。

一口烂英文，从贫民窟收账员开始

现在这么乐于工作的梅第，可不是一开始就热爱保险事业的，原本保险业只是他20世纪50年代在美国求职一再碰壁之后无可奈何的选择。

1953年，尽管双方家长和亲友强烈反对，梅第和苦追了两年多的冰岛女友席格兰步入结婚礼堂，他称此为一生中成交的最大的一笔好生意。婚后，席格兰在一家食品加工厂上班，梅第则继续在纽约大学攻读博士学位。

两年后，当梅第还差三个学分就可以毕业时，席格兰意外怀孕，迫于生计，他放弃学业，在大学求职中心登记找工作。原本只填了两个志愿，后来在服务人员的建议下，他勉强在"第三志愿"栏填入"保险"。

在伊朗出生并成长的梅第，当时英文说得并不好，有着浓厚的口音，跟客户谈话沟通时有障碍。加上他在纽约没有人脉，又不懂保险，大都会人寿保险公司原先并不打算录用他，但他大胆开口跟面试主管借了五本保险类书籍，说看完书后会再来应聘。

前《保险家》杂志董事长姜怀臣（右一）、新加坡大东方人寿集团总监张国全（右二）、保险达人李蓬勃（左二）与梅第爷爷（右三）一起在中国进行多场大型巡回演讲会

几天后，梅第卷土重来，面试主管发现他已学习了很多保险专业知识，但也只是聘请他当收账员，在纽约曼哈顿贫民窟有"地狱厨房"称号的一条街负责催收保费。

为了收取几毛几分的保费，梅第经常要爬很多楼层，还经常碰到不友善或拒交保费的客户。而且那条街道非常脏乱，不时出现老鼠、妓女和皮条客，有时冷不防遭楼上泼下的污水淋湿，爱干净的他越来越受不了，准备辞职。

是不服输的个性阻止了他的冲动。梅第站在街头想了又想，认为做不下去就辞职等于认输，告诉自己一定要先做出成绩再辞职，"成功者才有放弃的权利！"从此，他积极看待各种

困难和挑战，发愤图强，除了收账，还顺便成交了一些想象不到的高额保单，第四年他晋升为保险业务员，从此专职保险销售至今。

经历无数危机，相信美国终将再起

算起来，梅第从事保险业已超过半个世纪，何时才会真正退休？梅第笑着说，只要身体健康，体能保持目前的状况，他就会一直做下去，直到走不动为止。

即使家财万贯，梅第也不准备留太多财富给子女，加上节税（遗产税）考虑，他成立了三个慈善基金会，把自己大部分的财产交给信托公司，以信托资产维持基金会的运营，其中一个基金会用来资助贫困学童。这源于他从小就体会到教育的重要性和知识的力量，因此他希望在自己的能力范围内有所贡献。

历经金融风暴的冲击后，梅第更确信"保险是最好的投资"。除了保险，他还持有大量房地产，股票比重则很低，因此去年的金融风暴对他个人几乎没有影响。事实上，他对保险以外的任何投资都很谨慎，决不进行高杠杆操作。

这场金融风暴严重冲击了美国及其他国家，有经济学及MBA双硕士学位的梅第依然对前景保持乐观，并认为美国两三年后就会明显复苏。"我经历了20世纪30年代的经济大萧条、多次石油危机、金融风暴，都没有被击倒，每一次的困境被突破后会更上一层楼，相信其他人也办得到！"

（转载自《Money 钱》月刊 2009 年 4 月）

附录 C

当冰岛美女嫁给伊朗帅哥
——梅第太太席格兰专访

梅第与我是在美国华盛顿大学读研究生时认识的。记得在一次舞会中,梅第很有礼貌地邀请我跳第二支舞,我怎么也没想到他会主动追求我。

梅第真是太疯狂了

我对他的第一印象非常好。他是个彬彬有礼、诚实谦虚的绅士,他不仅舞跳得好,歌声也非常好听。他很有亲和力,善于表达,长相帅气,散发着一股吸引人的魅力。

我原来的计划是,在美国完成学业后就回冰岛,所以我告诉自己不要在别的国家爱上任何人,我是来念书的,不是来谈恋爱的。梅第说他对我一见钟情,在我们第一次约会后的第二天,他说:"我一定要娶你,请你嫁给我。"天啊,我们才见第二次面,我当时觉得梅第真是太疯狂了!

席格兰表示，梅第给我的爱，让我成为世界上最幸福快乐的人

梅第家中挂满了人像油画，这是他献给爱妻席格兰的浪漫礼物

附录 C　当冰岛美女嫁给伊朗帅哥——梅第太太席格兰专访

一开始我并未接受梅第的追求，甚至还刻意躲着他。但他非常主动，对我展开猛烈的追求。他会用心地给我惊喜，例如我生日时，他未事先告知，特意精心安排了一场很棒的舞会，邀请我的好友们参加。当晚大家翩翩起舞，玩得都很尽兴，尤其当大家一起诚挚地为我唱"生日快乐歌"时，我实在很感动！大家都说梅第非常浪漫，对我真的很用心。

喜欢给人惊喜，浪漫一生

我对梅第的印象很好，之所以没有马上接受他的追求，是因为我从来没有想过要在美国长久定居，更没有想过要嫁给一个伊朗人。应该是他的真诚打动了我，虽然我每次都不接受他的邀约，但他从不放弃表达对我的爱意，更会与我的同学们保持良好的关系。大家对梅第的印象都很好，还会帮他说好话。

经过几次约会后，我确定自己爱上了这个人。在交往过程中，令我印象深刻的是，他诚实有礼，对人尊重，很会说笑话逗人开心，喜欢给别人惊喜，非常温柔体贴，而且很浪漫。

梅第对人温柔体贴，多情浪漫，数十年如一日。每天凌晨4点半，他都轻悄悄地起身，连灯都不开，盥洗、换衣服时非常小声，避免吵到我。他常常会帮我洗碗盘，有空时也会将家里打扫得干干净净。

梅第非常有耐心、毅力，是个热情洋溢又很浪漫的人，常常

温馨祥和的亲情画面，这是 40 年前梅第幸福美满的全家福照片

附录 C　当冰岛美女嫁给伊朗帅哥——梅第太太席格兰专访

喜欢给人惊喜,甚至每天都制造些小惊喜。比方说,他会帮我洗碗,打扫家里的卫生,亲自为我做好吃的早餐,送我小礼物……

对于家人的重要日子,他都会给我们特别的惊喜,例如我生日时,他会送钻戒给我。梅第特别重视与家人的感情。记得有一次我们一起去看画展,我很喜欢那种画风。不久后,我在家里的墙上惊喜地看见一幅我的画像,那是他特意请那个画家为我画的,我实在很感动。接着,我家墙上陆续挂上了梅第自己的画像,那是一幅很棒的油画。体贴的他,还特意为我远在冰岛的家人作画,他说这样可以解我思念家人之苦。

他事先并未告知我要为我和家人作画的事,当画作陆续高挂墙上时,他很开心地说:这是我送给你的礼物。梅第总是如此善解人意、温柔、体贴、贴心、浪漫,时时刻刻都想着要给我惊喜。

我家的小公寓像饭店

常有人问起,你们是生长在两个完全不同国度的人,刚结婚时生活上会有摩擦吗?答案是:不会。

不过,倒是有几个生活习惯,需要一些时间互相适应、磨合。

第一,我是冰岛人,冰岛气候寒冷,1月的气温大约是0℃;梅第是伊朗人,伊朗气候炎热,7月的最高温为37℃。第二,信仰宗教不一样，我是天主教徒，梅第信奉伊斯兰教。第三，饮食习惯不一样，在冰岛我们常吃鱼和马铃薯，冰岛菜的烹调方式较为简单，水煮的和烤的食物比较多；诚如美食专家形容的，伊朗菜烹饪时需要丰富的想象力，就像一块华丽的波斯地毯般多彩复杂，所以伊朗菜的准备时间比较长。

结婚后，我花了很长的时间去适应，因为梅第太好客，致使我们家中经常出现高朋满座的情形。伊朗人非常好客，再加上梅第对人特别友好热情，当时我们家是一间小公寓，但很像饭店，因为常有客人来用餐、住宿。房间不够住，朋友就打地铺、睡地板，有时会挤上十几个人。现在我们的房子大多了，照样常有客人来住宿，记得有一次竟然招待了二三十个人食宿。

我在冰岛是不用煮饭的，也比较注重个人隐私。嫁给梅第后，我们得时常准备好多食物，要够招待十几个人，这是我最不习惯的部分。在伊朗，男人的地位高，下厨煮饭是女人的事，而且来美国求学的梅第压根也不会做饭烧菜。

我们夫妻两个都不会做菜，但为了招待时常登门造访的亲朋好友，梅第积极学习烹饪。因为很想念伊朗的家乡菜，他认真地学习如何做一桌好吃的伊朗菜。当烹煮的次数越来越多时，梅第很快就学会了亲手烹饪家乡菜，吃过的人都交口称赞。

好丈夫、好老师，也是好朋友

大家都夸他是个好厨师，因为他做的菜非常美味可口，很多朋友都建议他去开餐馆，还说生意一定兴隆。我也跟着他学做伊朗人的传统食物，比如，用焖好的牛肉炒黄椒、豆子，再加上一些洋葱；以四五种不同的酱料做沙拉；多样的甜点、配菜。因为要准备至少一二十个人的食物，所以我们会多准备些，有时我们会在前一晚先做一些备用的饭菜。这样第二天客人一来，从冰箱取出加热或稍微烹煮一下就可以食用。我记忆较深的一次是，在我们居住的大房子里，我给五六十个客人亲手烹煮。在耳濡目染下，我的女儿和女婿现在也会做好吃的伊朗菜。

在家庭角色扮演上，我们是标准的男主外、女主内。婚前我是上班族，婚后为了全心培育四个孩子，我逐渐将工作辞去，回归家庭，相夫教子。梅第是一个非常重视家庭的好丈夫、好爸爸，对妻子儿女都非常尊重。很高兴的是四个孩子从小到大都表现良好，儿子弗雷德是康奈尔大学的高才生，独立自主，不用父母操心。我们对孩子的教育民主自由，从小鼓励他们看很多课外书籍。他们读书都是自发的，功课名列前茅。我们也十分注重孩子的人格培养。

如今他们都已长大，各自成家立业。两个儿子是医生，还有一个儿子是计算机工程师，女儿跟着爸爸在美国大都会人寿保险公司上班。我的孙子女们功课也都很好。梅第很重视与

梅第与席格兰恩爱相守 56 年

附录 C 当冰岛美女嫁给伊朗帅哥——梅第太太席格兰专访

家人相处的时光。例如，孩子们的生日、学校的重要活动，他都会出席并且赠送礼物。梅第是我的好丈夫、好老师，也是好朋友。

结婚 56 年，甜蜜恩爱

我跟梅第认识 58 年，结婚已经 56 年了。我们从没吵过架，天天甜蜜恩爱。在这 58 年里，我时时能感受到他对我深深的爱。我们双方互相信任。夫妻关系融洽的秘诀是要时刻都对彼此百分百信任。梅第是个始终如一、诚实的人，不论在任何状况下，我都非常信赖他。

常常有世界各地的人请教他，他怎么能这样成功？连我有时都难免会说，梅第真是一个不可思议的男人，天天努力工作，都已经 87 岁了，还是天天认真努力，永远不浪费任何时间。他永远都以积极的态度面对人生中的各种挑战，用积极的思维方式去解决问题，好像没有什么问题能难倒他，因为他永远都是信心满满，只看好的、积极的那一面。

梅第虽然很忙，但他常常带我出国旅游。我们环游了 40 多个国家和地区，大部分都是因为他应邀去各国演讲。我喜欢看到梅第在台上演讲时那种无比自信的魅力，喜欢看到听他演讲的观众的热烈反应，喜欢听到观众回馈他如雷般的掌声。尤其当看到别人对梅第非常尊敬时，我与有荣焉，觉得更加开心。

随时都不忘赞美对方

当然也常有人问起,当另一半专注于事业,而没有多余时间陪你时,当太太的该怎么做?其实,我们夫妻间没有这样的问题。梅第的确将很多时间和精力都投入在工作与事业上,但他也会抽空给我和家人最多的关心与爱。对身为妻子的你,我的建议是:

第一,要设定明确的生活目标。除了扮演贤妻良母的角色,将家庭照顾好外,你也要有自己的生活目标,让自己做一些开心快乐的事。

第二,请不要插手丈夫工作上的事情,即使你们一起工作,也要充分尊重对方。

第三,培养自己的兴趣,做些自己喜欢的事,例如看书,听音乐,与朋友去爬山、游泳、跑步等,或者学习烹饪、手工艺、画画等。

第四,尽量设法让夫妻两个人有共同的爱好、兴趣,尽可能忙里偷闲,多一点彼此相处的时间,互相信任,任何时候都不忘赞美对方。

第五,多参加正面积极的社团,比如鼓励阅读的读书会、彰显爱心的公益社团,当志愿者为社会服务,借此也能结交许多志同道合的好朋友。

第六，虔诚的宗教信仰。

当然，还有许多其他的好方法，就我而言，我将重心都放在了照顾好家庭上，以前是相夫教子的全职妈妈，专心培育四个孩子；现在又多了九个孙子女，让我的日子更加充实、愉快。闲暇时，我喜欢阅读各类好书、报纸杂志，偶尔也会跟三五好友聚一聚。

梅第是个凡事都坚持原则的人，工作上如此，待人接物上亦是如此，就连饮食和运动，他也有自己坚持多年的原则。他注重养生、运动，所以作为太太的我，不用操心他能吃什么、不能吃什么的问题。偶尔我会提醒他，要多多休息放松，因为他对事业太投入、太认真、太积极了。

说真的，梅第给我的爱，让我每天都觉得自己是世界上最幸福快乐的人。